CANÇÃO
DE AMOR
PARA JOÃO
GILBERTO NOLL

LUIS ALBERTO BRANDÃO

CANÇÃO DE AMOR PARA JOÃO GILBERTO NOLL

SUMÁRIO

1.
11   CANÇÃO DE AMOR PARA JOÃO GILBERTO NOLL

2.
85   PARTICIPAÇÕES ESPECIAIS

      SÉRGIO SANT'ANNA
87   MERGULHO NOLL

      LUCI COLLIN
88   LOVESONG

      LUÍSA RABELLO
90   (sem título)

      ADILSON MIGUEL
94   RITOS DE PASSAGEM

      DOUGLAS DE OLIVEIRA TOMAZ
98   NOITE DERRUBA

      JULIA PANADÉS
100   (sem título)

      TARSO DE MELO
102   OU UMA DESVENTURA

      PATRICIA FRANCA-HUCHET
104   OH NOLL... E TU?

      FRANCISCO DE MORAIS MENDES
110   JOÃO GILBERTO & NOLL

      HUGO LIMA
111   SETE FRAGMENTOS LÍRICOS PARA UM DESCONHECIDO

ANA MARTINS MARQUES
118 O ENCONTRO NO TEATRO ou de como não conheci João Gilberto Noll

FERNANDO TOURINHO
123 EM MEMÓRIA DO MEU GRANDE AMOR

RICARDO ALEIXO
127 UM MODO JOÃO

BRUNA KALIL OTHERO
128 DESENHAR UMA CANÇÃO COM PALAVRAS

GUIOMAR DE GRAMMONT
129 UM MENINO

LEONARDO CHIODA
130 CARTA AO ESTADO DAS ÁGUAS

FERNANDA GOULART
132 NÉCTAR AO LÉU

RONALDO GUIMARÃES GOUVÊA
144 BORBOLETA NO DORSO DO NADA

JOANA ANDRADE
146 CANÇÃO EM MIM

GUSTAVO CERQUEIRA GUIMARÃES
148 PARA SABER O DESTINO DO HERÓI

RODRIGO DE AGRELA
150 O LIVRO DE JOÃO

EDUARDO DE JESUS
157 DOIS ANEXOS E CINCO E-MAILS

ZULMIRA RIBEIRO TAVARES
170 FIGURAÇÕES

3.
171 A VOZ DO JOÃO

NOLL, NOSSO CONTEMPORÂNEO
173 Ricardo Barberena conversa com João Gilberto Noll

O ILUMINISTA DAS SOMBRAS
189 Pedro Maciel entrevista João Gilberto Noll

4.
203 INTERLÚDIO

5.
217 PALAVRAS AO VENTO

6.
223 BIBLIOGRAFIA DE JOÃO GILBERTO NOLL

7.
227 NOMES DO AMOR

8.
235 MAKING OF

9.
259 IMPROVÁVEL LEGENDA PARA UMA FOTO INVISÍVEL

Agradecimentos

Este livro é resultado de pesquisas desenvolvidas com o auxílio do Conselho Nacional de Desenvolvimento Científico e Tecnológico (CNPq) e da Fundação de Amparo à Pesquisa do Estado de Minas Gerais (Fapemig). Sua publicação contou com o apoio do Programa de Pós-Graduação em Letras: Estudos Literários da Universidade Federal de Minas Gerais (Pós-Lit/UFMG), por intermédio do Programa de Excelência Acadêmica (ProEx) da Coordenação de Aperfeiçoamento de Pessoal de Nível Superior (Capes). Meu muito obrigado ao estimulante ambiente intelectual do Pós-Lit e da Faculdade de Letras da UFMG.

Calorosamente agradeço a meus convidados, cuja presença generosa tornou possível transformar uma canção solo em um concerto de múltiplas vozes: Adilson Miguel, Ana Martins Marques, Bruna Kalil Othero, Douglas de Oliveira Tomaz, Eduardo de Jesus, Fernanda Goulart, Fernando Tourinho, Francisco de Morais Mendes, Guiomar de Grammont, Gustavo Cerqueira Guimarães, Hugo Lima, Joana Andrade, Julia Panadés, Leonardo Chioda, Luci Collin, Luísa Rabello, Patricia Franca-Huchet, Pedro Maciel, Ricardo Aleixo, Ricardo Barberena, Rodrigo de Agrela, Ronaldo Guimarães Gouvêa, Sérgio Sant'Anna, Tarso de Melo, Zulmira Ribeiro Tavares; e a todos que, das mais diversas formas, participaram do projeto, das récitas públicas e das postagens em uma rede social da internet.

Este trabalho – o livro e o que está aquém e além dele – expressa a mais profunda gratidão à pessoa e à figura pública de João Gilberto Noll, bem como à superlativa contribuição, para a cultura brasileira, de sua obra vibrante, perturbadora, vigorosa.

1

CANÇÃO
DE AMOR
PARA JOÃO
GILBERTO NOLL

QUASE COMEÇO

Começo com a impossibilidade de um começo. Começo tentando preservar a força do silêncio, a ele me manter agarrado, como a um pedaço de madeira no mar alto e revolto e instável e perigoso das palavras. Começo tentando não começar. Porque o que há antes do começo, de qualquer começo, é a plenitude do indecidível, plenitude que se rompe quando se começa – ainda que sofregamente, hesitantemente, como está acontecendo aqui e agora com este começo que se debate consigo mesmo, mas que acaba se afirmando, quase a contragosto, por meio de sua própria negação.

Quase a contragosto: a ênfase recai no *quase*, porque há também um gostar, um gostar intenso que dispara o impulso para que se abra mão do ideal de silêncio. Assim, o oco insensato das palavras vai se deixando preencher pela densidade amorosa, por uma espécie de fluido ao mesmo tempo viscoso e rarefeito, que se desenha e se dissemina em forma de canto. Cantar é uma forma de contornar, subverter, adiar, suspender, expandir o dizer. Ou cantar talvez seja inventar outras formas de dizer, que escapem à prevalência do dito, atenuem a rigidez dos ditados, realimentem a palavra com a pujança ou a insanidade do silêncio. E cantar não tem começo. É um arrebatamento: os sons atravessam aquele que canta, contaminam-se dele e se espalham pelo ar; e aquele que canta é sempre muitos, pois o cantar é também o atravessamento de quem ouve, de quem se deixa levar – ou tocar – pela canção.

Isto aqui, que vocês estão ouvindo agora, na espessura deste presente, é uma canção. Uma canção de amor, como são de certo modo todas as canções, porque todas as canções têm como pauta algum tipo de desmesura. Mas esta aqui é mais do que uma canção de amor: é uma canção apaixonada, porque seu desejo é se confundir com a desmesura. É arriscar-se por inteiro. É ser o próprio arrebatamento.

Será que é preciso começar com um nome?

Será que é preciso haver um nome?

Será que esse nome é João?

"Ouvi uma música por aí."

– lê-se em *A céu aberto*.

VOZ

Hoje é dia 20 de maio de 1999. É comecinho de noite, um pouco antes das sete. Estou caminhando em direção ao cruzamento da avenida Afonso Pena com as ruas Espírito Santo e Tamoios, no hipercentro de Belo Horizonte. Quando me aproximo do cruzamento, diviso na multidão um homem alto, de costas, parado, aguardando o semáforo, e, com uma espécie de frêmito, identifico: só pode ser, é sim, claro que é o homem a quem estou indo ouvir. Paro ao lado dele e, no embalo do espanto e de uma estranha euforia, com a voz quase se perdendo na barulheira da cidade, afirmo perguntando:

– Você é o João Gilberto Noll, não é?

Olhando-me fixamente, deixando vazar uma pontada de admiração pelo insólito da cena que literalmente solidifica-se aqui, bem no meio da cidade, no meio da rua, ele responde, com um misto de afirmação reticente e leve sombra de dúvida:

– Sou.

Caminhamos com passo rápido, e eu vou falando e falando meio atabalhoadamente: de minha paixão por sua obra; de como sempre incluo seus textos nas disciplinas que leciono; de que eu o havia visto em Belo Horizonte há algum tempo, no Teatro Francisco Nunes, na apresentação de uma coreografia inspirada no conto "O cego e a dançarina"; e que eu estivera bem perto dele, meio que rondando, indeciso, mas que faltara coragem para chegar e puxar conversa. Tudo isso, e mais, vou falando no espaço de tempo de um quarteirão até o prédio do Instituto Moreira Salles, na Praça Sete, ele misturando algum interesse em me ouvir, a preocupação com o horário, o ruído entorpecedor e ao mesmo tempo estimulante do horário de pico.

O nome do evento é "O escritor por ele mesmo" e consiste em leituras em voz alta feitas pelo próprio escritor, seguidas de conversas com o público. Começa então a experiência – marcante, singularíssima – de ouvi-lo ler a si mesmo, ao vivo e bem de perto. Ele reinventa trechos dos romances *A céu aberto* e *Harmada* com uma voz lenta, lenta quase no limite da exasperação, com uma voz monocórdica, como que pronunciada pela exaustão, como se fosse a voz do mais completo abandono. O silêncio da plateia tem algo de incômodo, ou mesmo de estarrecido.

No momento do debate, não resisto e faço perguntas insolentes. Pergunto, por exemplo: "Não há algo de demencial – ou de sacrificial, talvez – no tom que você adota em suas leituras, João"?

Ele ouve, sempre concentrado, e acolhe a pergunta, todas as perguntas, com um interesse vivaz, desdobra-as com gentileza, vai transformando os grãos provocativos em uma espécie de generosa e meio etérea comunhão de sonoridades e ideias.

Saio do encontro em estado de perturbação. Atravesso a Praça Sete, continuo atravessando o coração da cidade, coração flechado por um obelisco tímido, tão pouco monumental. Levo nas mãos o bloquinho com os rabiscos que fiz enquanto ouvia, levo o folheto do evento, onde anotei o telefone e o endereço do João em Porto Alegre, e que traz o texto "Por que escrevo", em que ele diz: "Por isso, quando escrevo, a palavra tem aos meus ouvidos uma vibração mais musical que semântica. Uma *coisa* prestes a materializar uma ideia, mas que por enquanto ainda relampeja tão-só a sua verve física, como se fosse pura melodia, para num segundo momento então se inserir numa ordem narrativa – podendo, aí sim, irromper o encontro cabal dessa espécie de veia túrgida e insone da escrita com a suculenta vigília do leitor. Acreditem: por existir essa liturgia em tudo misturada à lascívia é que eu escrevo."

Levo também, é claro, a voz do João. Nas mãos, sim, literalmente, dentro de um caixinha, registrada na fita cassete que distribuíram aos presentes no evento. Mas também em mim, hipnótica, litúrgica, extraindo máxima força da debilidade mais genuína, dando corpo e ritmo a uma obra tão desconcertantemente brilhante. Na travessia do centro da cidade, levo o João cantando, cantando dentro de mim.

Do livro *Harmada*:

"expulsei de mim uma palavra-nave, dessas que flutuam no ar quem sabe quanto tempo, solitárias, e que rasgam enfim o firmamento e desaparecem, nos deixando a perguntar se não foi uma miragem que nos saiu da boca, tamanho o esquecimento que nos toma após a sua passagem."

A EFEMERIDADE DAS CANÇÕES

Esqueçam. Por favor, esqueçam o que ouviram até agora. Por favor, substituam tudo pelos seguintes versos:

o que eu quero – muito

o que eu preciso – tanto

é que vocês me amem

"– Amor – diz a voz.

O banhista sabe que naquele trecho da praia não há ninguém, praia deserta. Então, quem estaria a lhe dizer amor? O banhista suspeita da brisa que começa a roçar nos seus cabelos. Porque Amor é a palavra que o banhista nunca ouvira assim naquela intensidade."

1980: *O cego e a dançarina*, primeiro livro do João.

NÓS DOIS ALI

Chove.

Chove muito em Ouro Preto nesta noite de domingo.

Não é muito tarde, talvez uma ou uma e meia da madrugada, João e eu entramos na pousada Minas Gerais, na Rua Xavier da Veiga. Caminhamos em silêncio até a escada. Estamos cansados, ambos. Quase todas as luzes estão apagadas. O seu quarto é em cima? O meu é no andar de baixo. As palavras estão meio bambas. Você viaja cedo amanhã, não é? Foi muito bom te reencontrar. Mande notícias. Palavras sonâmbulas. Bom descanso. Você está bem? Ótima noite. As palavras parecem dizer nada.

Um aperto de mão. Um abraço rápido. João sobe as escadas e entra em seu quarto. Eu desço as escadas e entro no meu.

Um pouco antes, estamos no carro que nos leva à pousada. João está sentado ao lado do motorista. Eu, no banco de trás. Ouro Preto fica mais bonita de madrugada. E ainda mais quando chove – João diz, em meio a nosso longo silêncio. Ou talvez tenha sido eu a dizer, o carro atravessando as ladeiras desertas. Não sei, não me lembro mais. Talvez ninguém tenha dito nada durante o trajeto. Talvez só tenha mesmo havido as poucas luzes se refletindo na água lenta da chuva.

Um pouco antes, estamos na ampla sacada do Grande Hotel de Ouro Preto, o hotel do Niemeyer, no jantar de encerramento do Fórum das Letras. Ele está sentado a meu lado e ao lado da querida Guiomar de Grammont. Conversamos, sim, mas a conversa parece tragada pela visão da cidade chuvosa e enevoada, todos meio hipnotizados por aquela beleza melancólica. João me pergunta o que ando fazendo com a depressão em que estou mergulhado por causa de uma brusca experiência de morte. Com certa galhofa ambígua, respondo que não se trata de depressão psicológica, e sim metafísica, e que o que há para fazer é seguir vivendo, ser meio insolente com a morte, apostar que é possível, sim, por que não?, viver mais que a vida. João arregala os olhos luminosos e exclama com saborosa lentidão: que interessante! Sim, por que não? Gosto de te ouvir. Fale mais, fale mais sobre isso.

Um pouco antes, estamos no palco do Cine Vila Rica. É a última atividade do Fórum das Letras deste ano de 2012. O cinema é aconchegante, nos protege da chuva e do paradeiro do domingo, como aconchegante está sendo nosso bate-papo, que gira principalmente em torno de *Solidão continental*, o livro dele que mais detidamente fala de velhice, de decrepitude física, além, é claro, de solidão. João demonstra estar gostando do jeito como conduzo, ponto a ponto, a conversa, e o público reage calorosamente. Minha última pergunta é: você chegou ao décimo oitavo livro, João. Qual é a sensação? Conta pra gente: de onde vêm a força, o enorme poder de encantamento de sua obra?

Não me lembro de detalhes da resposta, mas me lembro que foi de uma sinceridade e de uma beleza estonteantes (e o registro em vídeo talvez confirme, algum dia, essa impressão). Ele é ovacionado de pé, longamente. Todo mundo está emocionado. Penso em me levantar da poltrona vermelha, ir até ele e dar-lhe um beijo, um abraço. Mas não vou, fico sem coragem, perco a desenvoltura. Durões. Às vezes insistimos em ser durões, não é verdade, João?

Nós dois ali no palco, apenas olho aquele homem franzino e gigante. O abraço não se abre. O beijo fica congelado.

Chove. João sobe as escadas e entra em seu quarto. Chove muito. Eu desço as escadas e entro no meu.

Chove muito em Ouro Preto nesta noite de domingo.

No livro *Canoas e marolas*, o diálogo:

"Nos abraçamos?

Um abraço, acho que devemos dá-lo.

Lágrimas?

Algumas.

E se não formos quem pensamos?

Se não formos, ficaremos presos a esse abraço até quem sabe."

Em uma entrevista publicada em 1997, no caderno Ideias/ Livros do *Jornal do Brasil*, perguntaram para o João sobre sua temporada na Universidade de Berkeley, na Califórnia:

– Como você descreve a experiência de um escritor que ensina literatura?

Ele respondeu assim:

– A experiência é fascinante. Agora vou dar dois novos cursos. Um de poesia, com ênfase na canção, nas letras de música, e outro sobre crônicas. Este vai começar com João do Rio e irá trilhando o caminho da crônica brasileira. O de poesia vai começar com Carlos Drummond, Cecília Meireles e Mário Quintana. Vou ensinar ficção e cultura brasileiras, sobretudo a canção popular e a linguagem do cinema brasileiro. Eu tenho uma formação musical forte. Comecei a cantar quando era criança. Por isso adotei um sistema que cativa os alunos: durante as aulas, eu canto.

"O espaço não parecia ter fim. Ali dentro eu não precisaria guardar interdições."

Do volume de contos *A máquina de ser*.

QUASE SEGREDO

Preciso dizer uma coisa, João. Uma espécie de segredo. Algo que está guardado em mim há muitos anos. Como sei o quanto você ama a música, sempre desejei cantar uma canção para você. Assim, de surpresa, na rua, talvez em uma ladeira de Ouro Preto, eu simplesmente pararia a seu lado, no meio de uma conversa que fosse, ou no miolo de uma pausa, e começaria a cantar, olhando para você. Sim, cantar para você. Cheguei a escolher uma canção, uma antiga canção do Gilberto Gil, que eu acho que se parece muito com o final do livro *Bandoleiros*.

Eu não sou cantor, João, não sou cantor como você, não sei cantar direito, sinto que minha voz se desgoverna de mim. Mas isso não importava, eu sonhava justamente com esse estado de desnudamento, ou de penúria, talvez, de entrega, não sei, diante de você. Cheguei a ensaiar sozinho a canção, várias e várias vezes, mas, sempre que a gente se encontrava, o pudor falava mais alto, a coragem não vinha, e eu acabava não cantando. Os anos se passaram, João, e a canção que eu preparei ficou em silêncio. A canção para você ficou guardada dentro de mim.

"eu me sentia a viver rudimentos de ilusões"

Hotel Atlântico.

A PRIMEIRA TARDE
DA PRIMAVERA

Poema derramado. Poema derramado para você – você aí –, você que me ouve neste exato momento, enquanto se deixa deslizar em pensamentos recônditos, para você que está se deixando levar por inquietações talvez inconfessáveis.

"ouvia aí se quisesse até as batidas do meu coração no âmago da melodia"

A céu aberto.

A PRIMEIRA TARDE
DA PRIMAVERA

extasiado atordoado quase
sem palavras
aqui estou

revivendo cada instante
dessa tarde de maravilha
e volúpia e descoberta e infinito
e aventura e

aqui estou dentro
de um presente imenso
que a vida me deu

vida pulsando
em teu rosto-ímã
pele cálida
língua explosiva

ideias de luz

teu corpo de promessa
de felicidade se realizando

meu corpo-e-alma inteiros:
provas irrefutáveis
de que desse sonho louco
jamais poderei sair

porque aqui estou

porque aqui estou completamente
porque aqui estou perdidamente

apaixonado

por você

Em 1995, em uma matéria de jornal sobre o dia dos namorados, João declara:

"O amor contém um rasgo de desprendimento que qualifica até o mais comum dos amantes para o panteão da pátria humana. O amor é um exagero irremediável, uma espécie de retórica desavergonhada, sem piedade de qualquer beleza castiça. O amor transborda dos lençóis para navegar sobre o quarto – sopro irreal que é da nossa matéria fatigada."

TEOREMA DO DESEJO

modos de flutuar
no abismo

"Depois daquela mirada desejante ele saltaria para onde mesmo? Para lá, onde o olhar não será visto nem se fará necessário. Nesse reverso de qualquer superfície, onde uma fonte doa de si apenas esse toque mais que raro, único, dizem até que no diâmetro exato desse desenlace, aqui..."

– João aponta em *Mínimos, múltiplos, comuns.*

REVELAÇÃO

Encontro você, João, sua verve abissalmente apaixonada, nas páginas de um livro antigo:

"Peri guardava no fundo do coração esse segredo impenetrável, e nem a si mesmo o dizia com receio de trair-se, e de anular o efeito, que esperava com uma confiança inabalável."

"Durante um momento o índio pairou sobre o abismo, balançando-se no galho fraco que o sustinha; depois equilibrou-se e continuou essa viagem aérea com a mesma segurança e a mesma firmeza com que um velho marinheiro caminha sobre as gáveas e sobre as enxárcias."

"– Peri é livre!... gritou ele fora de si; Peri não obedece a ninguém; fará o que lhe manda o coração."

"Todos eles arriscavam ou iam arriscar sua vida, unicamente para tocarem com a mão o umbral da gelosia; e entretanto nem um pesava o perigo que ia correr; nem um julgava que sua vida valesse a pena de mercadejar por ela um prazer. É que as paixões no deserto, e sobretudo no seio desta natureza grande e majestosa, são verdadeiras epopeias do coração."

"Talvez eu já estivesse longe de mim."

– a gente lê em *Rastros do verão*.

QUASE DIÁLOGO

entre João Gilberto Noll e o índio Peri,
personagem de José de Alencar

Teu tesão é toda hora
O meu também é cansaço

Teu desejo fulmina
O meu quer-se compasso

Teu corpo é puro fogo
O meu se deita lânguido à beira do regato

Tu és a Sedução
Eu sou os rastros de alguém dissolvido num abraço

Em *Anjo das ondas*, a dúvida:

"E se eu tivesse embarcado sem saber na imaginação porventura extraviada de um terceiro?"

ESTE MEU CORPO DE JOÃO

Aprendi com você, João, que com palavras é possível entrar em qualquer corpo. E é isso que faço agora, João, exatamente no dia 30 de julho de 2015, aqui em Fortaleza, atravessando o pátio do Dragão do Mar, bastante bêbado, tropeçando em minhas pernas de João, amparado por esse rapaz, meu deus, como estou bêbado, e feliz por ser amparado assim, eu aqui na Terra do Sol, tão amado por todo mundo, pois é, mas será?, será mesmo que me amam?, ou é a eterna miragem da minha voz, ah a voz do autor daquele livro, o *Lorde*, pois é, a voz do autor do *Lorde* lendo trechos do *Lorde* aqui na Universidade, nesta terra que nem sei se é longe ou perto, ou se rasura a geografia, já que dizem que é por essas bandas que nasce o Sol, será que é por aqui, debaixo das águas quentes desse mar, nas noites de vento cantante, será que é por aqui que o Sol dormita, talvez sonhando com jangadas e jangadeiros no filme que o Orson Welles não fez justamente aqui, no abraço tépido do povo daqui, como é bom dizer a palavra "aqui", e esse meu corpo de João alquebrado e bêbado sentindo-se tão aqui, tão entregue ao braço quente que me ampara e me conduz, como eu gostaria que esse braço me amparasse por toda a eternidade, meu deus, meu deus dos sem deuses, como eu gostaria que esse pátio fosse mais e mais comprido, e fôssemos caminhando indefinidamente, esse moço tão bonito e amoroso, que me corrige em meus tropeços, que compreende minha penúria, esse anjo todo bondade e gentileza, será mesmo, meu deus dos ateus, que ele sorri para mim? ele, que tem a lua dentro do sorriso, ou é para o escritor que sei lá se sou?, me leva pelo braço, e neste meu braço flácido de João sinto o vigor do anjo bom, é ele, é ele sim, não ouviram os tambores? é ele que veio bem do centro da mata para me salvar, não ouviram o canto da tribo?, é a plenitude em forma de índio, o índio mais belo, é esse sonho de moço pronto a me proteger de todo perigo, é o Peri que me resgata da miséria do mundo, que sustenta meu corpo depauperado, como se me tirasse do chão, diluísse meus pântanos, ah, meu deslumbrante Peri, seu coração está batendo bem aqui a meu lado, e é assim que eu posso sentir o pulso do meu coração de João, coração meio fraquinho, meio doentinho, mas não há de ser nada, não, viu?, tem esse outro coração batendo vigoroso ao lado do meu frágil coração de João, tem esse braço forte me apoiando, esse moço tão jovem, quantos anos ele tem?, meu deus dos desvalidos, vinte e poucos, será?, ele é a própria juventude na embriaguez da generosidade, a argamassa que vem recompor os buracos do meu corpo carcomido, rio imenso descendo as primeiras páginas de *O guarani*, irrigando a pele ressecada deste meu estranho corpo de João, quantos anos será que ele tem, esse raio de sol no escuro dos meus desertos, mas olhem ali, gente, na janela daquele sobrado, é ela, sim, claro que é a Madame Clessi, abanando a mão para nós, pois é, eu não disse?, ela sabe que as mulheres só devem amar rapazes de dezessete anos, por isso eu quero viver nesta terra, dentro do Sol que ampara este meu corpo de João, será que atravessei a peça do Nelson Rodrigues e me perdi? em alguma encruzilhada? me desgovernei na encruzilhada de memória, realidade e alucinação? ah, que bobagem, de jeito nenhum, que alucinação que nada, olha eu aqui abraçado ao esfuziante Dragão do Mar, ninguém vai me tirar isso não, vou viver para sempre nesta terra, escuta só, olha só, Madame Clessi, esse braço jovem é de matéria sólida, sim, sólida e tenra, matéria de amor, olha só como me segura e me aquece, olha só como sou feliz aqui nesta terra de doçura, olha eu aqui flutuando nessa brisa delicada, como é gostosa essa embriaguez, como é boa essa intensidade, como é bom cambalear no fio da vida, e o que mais posso dizer, hein, meu amado Peri, o que mais posso dizer com essa minha língua de João se enrolando, embriagado sim, com essa minha voz tão molenga, trêbado sim, o que posso mais fazer, meu anjo bom, além de murmurar, nos teus braços quentes, murmurar e repetir o mantra que inventei agora, o mantra que diz assim: como é bom estar vivo!, murmurar e repetir a ladainha sem fim que daqui em diante será a minha, por todos os tempos: como é bom estar vivo!, murmurar e repetir e repetir incansável as cinco palavras que não vão deixar de soar por este meu corpo que já se tornou puro sopro:

como é bom estar vivo!

Do livro *A fúria do corpo*:

"Eu e ela, dois monstros angelicais que apenas estavam atrás de um pouco daquilo que chamam felicidade, a palavra felicidade aqui parece uma avozinha que só sabe contar histórias do seu tempo: porque no meu tempo, porque no meu tempo. Então esbofeteio essa avozinha caduca, mas esbofeteio com certa doçura porque ela ainda pode conter algumas gemas de ouro, mas então esbofeteio a avozinha caduca e ergo contra o vento e o sol o meu dilacerado, o meu pobre tempo."

AMOR AO AMOR

venham ver de perto
uma alma desnudando
seus abismos

venham tocar as tatuagens
do meu coração de papel

venham compartilhar
ao vivo a espessura
e a rarefação do tempo
presente

de que somos feitos

Em *Canoas e marolas*, a concisa pergunta:

"Um pouco de mim, você quer?"

ESCALAS

microNoll

pleniNoll

nuliNoll

pluriNoll

e a figura de Pã
– libidinosa e musical –
confundindo as escalas

IMPOSSÍVEL

Durante um megacongresso acadêmico ocorrido em 1992, em um texto intitulado "A literatura e a vergonha", o desconcerto, a dissonância no fio – cortante – da voz do João:

"Sim, esta é uma literatura do impossível, literatura desta choça sem convites, cruel por não apontar diretamente as crueldades, as vilanias do mundo, a literatura do impossível sim, melhor, eu diria melhor, a literatura da vergonha, pois é este sentimento que nos acua nesta hora, uma vergonha acachapante por não conseguirmos reter a alma, pelo menos o ânimo desta história toda, uma vergonha avassaladora por não saber o que desnudar além deste insensato movimento de corpos inutilizados para a fabulação."

PRIMÓRDIOS DE ROMANCE

Aqui ninguém me vê.

João está na minha frente.

Tinha o mesmo sinal do pai na face.

Lutávamos no chão frio do corredor.

Ele não falava inglês.

Um homem debaixo de uma árvore, sentado num banco de pedra, a cabeça pendida olhando os pés descalços.

Ele era simplesmente assim.

O meu nome não.

"E senti como que um grande amor pelo abandono de cada um."

– entrega-se em *Rastros do verão*.

AQUÁRIO DE LUZ

Eu havia combinado de almoçar com o João no restaurante Chafariz, para lhe mostrar a lista de pontos para o bate-papo que aconteceria naquela tarde de domingo; mais precisamente, a partir das 15:00 daquele dia 09 de novembro de 2008. Combinamos de nos encontrar no restaurante, almoçaríamos e depois caminharíamos juntos até o Centro de Artes e Convenções da UFOP. Cheguei pontualmente às 13:00. Enquanto esperava por ele, fui repassando a lista. Obsessivo, preparei um roteiro com treze pontos, já sabendo que escolheríamos talvez apenas quatro ou cinco, e assim haveria bastante tempo para as perguntas da plateia.

Meia hora se passou e o João ainda não havia chegado. Fiquei pensando que seria bom a gente dar destaque ao livro *Acenos e afagos*, recentemente lançado, e que me causara um impacto enorme. Desde a primeira leitura percebi uma potência ímpar no livro, era forte a sensação de que se tratava de um dos livros mais radicais e perturbadores não apenas do conjunto da obra do João, mas de toda a literatura brasileira, de todas as épocas. Alguns anos depois, pude tentar demonstrar essa impressão em um texto intitulado "Espaços-limite", que em 2013 saiu como capítulo do meu livro *Teorias do espaço literário*, texto que o João, para a minha felicidade, recebeu com entusiasmo.

Mas quase uma hora já se passara e nada do João. Pensei que provavelmente ele se esquecera do que havíamos combinado.

A noite anterior havia sido festiva, um jantar com a equipe e os convidados do Fórum das Letras no restaurante Bené da Flauta. João estava muito animado, o lugar é lindo, um casarão meio que suspenso no ar, com janelas escancaradas para as luzes ouro-pretanas, próximo à deslumbrante Igreja de São Francisco. Saí da festa não muito tarde, pensando que na manhã seguinte queria rever minha lista de obsessões, me preparar melhor para o bate-papo, estar bem disposto para curtir cada instante do encontro que eu queria muito que fosse especial, como eram especiais para mim todos os encontros com ele. João continuou na festa, e imaginei que talvez tenha ficado até tarde, talvez estivesse ressaqueado, e se esquecido da nossa combinação.

Olhei o relógio mais uma vez, apreensivo, pensei em ligar para a pousada dele, mas tive receio de incomodá-lo, caso ele tivesse optado por dormir até mais tarde. Resolvi esperar mais um tempo. O título da mesa era bastante sugestivo: "Os mistérios não gostam de ser nomeados". Cerca de um mês antes eu havia recebido um e-mail da Guiomar de Grammont, organizadora do Fórum, me pedindo ajuda para a escolha do título, ou seja, me pedindo justamente para nomear aquele encontro. Fiquei folheando os muitos grifos em meu exemplar de *Acenos e afagos* e extraí sete sugestões. Não sei se por coincidência, quatro delas continham a palavra "mistério". Eram: "Acenos ao mistério", "Teatros latentes", "Meu sexo oferecia um jardim de presenças inusitadas", "Mistérios do corpo", "Épicos em transe", "Náufragos do mistério", "Os mistérios não gostam de ser nomeados". Guiomar destacou essas duas últimas alternativas e o João escolheu exatamente a minha favorita, favorita por várias razões, entre elas porque era uma apropriação livre que fiz da frase que consta do livro: "Os mistérios devem gostar de não serem nomeados".

Mas em meu relógio não havia mistério nenhum: o tempo estava ficando curto e o João não tinha chegado. Meio atordoado com o bolo, meio sentido, chateado sim, saí caminhando pela rua São José, azulada pelo domingo de sol de primavera. Olhei mais uma vez o relógio e decidi que o melhor era tomar um café, comer alguma coisa rápida em alguma padaria e ir direto para o local do evento.

Quando cheguei, o pessoal do Fórum me levou para uma sala de espera. João estava lá, sentadinho, sozinho em um sofá enorme, com o ar compungidamente desamparado. Assim que me aproximei, ele começou a chorar.

Fiquei apavorado: – O que foi que aconteceu, João?

Tentando conter as lágrimas, ele disse bem baixo: – Você não apareceu. Fiquei te esperando na porta da pousada e você não apareceu.

– Mas, João, a gente combinou na porta do Chafariz. Fiquei te esperando lá uma hora e meia.

Ele pareceu sair de uma espécie de letargia, foi se recompondo: – Será que eu me confundi?, perguntava a si mesmo, perplexo, e a mim, com um ar de súplica.

Eu me sentia destroçado, como se tivesse cometido o pior dos crimes, mas dei uma de durão, mudei logo de assunto e lembrei que daí a pouco ia começar o bate-papo, e que eu estava entusiasmado, e que eu tinha certeza de que ia ser muito legal, e que a gente ainda tinha um tempinho, dava para eu mostrar os pontos do roteiro, mas ele disse que não precisava não, que ele confiava plenamente em mim, e agora ele já sorria, o rosto não estava mais lívido, os olhos haviam voltado a brilhar.

O bate-papo foi, realmente, incrível (e talvez o registro em vídeo algum dia comprove essa impressão). Muitas pessoas comentaram que, de todas as participações do João em eventos, nunca o tinham visto daquele jeito tão articulado, lúcido e, ao mesmo tempo, à vontade, feliz por estar ali, tocando fundo em pontos essenciais de sua obra, avaliando-a em seu conjunto, com abertura e argúcia notáveis. Talvez como um presente a todos nós, reunidos ali naquela tarde, os mistérios deixaram-se nomear, aceitaram ser convertidos em palavra e em compartilhamento, generosamente transmutaram-se numa rara e delicada espécie de transparência, também ela uma das possíveis faces do mistério.

"Belos dias em Ouro Preto, belos dias" – João me escreveu uma semana depois.

Apesar dos vários encontros que tivemos ao longo de quase vinte anos, só tenho uma única foto em que aparecemos juntos. E ela foi tirada naquela tarde de domingo, sob as luzes do palco do Centro de Artes e Convenções, durante o bate-papo.

Quando lhe enviei a foto por e-mail, ele comentou: "Caro Luis, adorei a foto – nós dois naquele aquário de luz. Obrigado."

Respondi: "João meu prezado, até que, para dois peixes meio raros, ficamos bem no aquário, não?"

ABANDONAR-SE AO ENCONTRO

¿ quanto de abandono
e quanto de encontro
cabem numa canção
de amor ?

"João é um escritor guerreiro. Acabou de lançar um romance esperançoso. Uma história de amor na penúria."

– a gente lê em *Bandoleiros*.

A ELEGÂNCIA ÁSPERA DA CHUVA

Há milênios meu corpo estatelado no estrado da cama. Esta espelunca encravada no país em ruínas. Então, uma cantilena distante, que não pode ser, um ruidozinho pingado que insiste, derrete a cera dos ouvidos, deve ser, só pode ser: Chuva no Deserto. E é. É sim. Agora sei que é você essa chuva que atravessa o telhado, esse gotejamento que dilacera a inércia do corpo. Agora me lembro que certo dia você me sussurrou que faria um filho em mim. Acho que eu sorri amarelo, daquele jeito meio sem graça de como assim?, como assim um filho neste corpo de homem infinitamente velho, desgraçadamente cansado? Só agora entendo que, para a chuva – violenta, arrebatada –, impossível não há. Nela meu corpo é todos os corpos. Agora sei que, sim, a chuva é você voltando para cumprir a promessa.

"A realidade me concedia uns favores, mas eu tinha o direito de recusá-los."

2012. *Solidão continental*. O último livro do João.

Ainda que breves, jamais me esqueci das suas lágrimas, João. Jamais me perdoei por não ter sabido prever, evitar ou remediar o seu engano, por não tê-lo assumido como meu. Hoje não tenho dúvidas de que o engano foi todo meu, João. Não tive a sensibilidade, a delicadeza de inverter os sinais. Não adivinhei que, em minha espera, era você quem verdadeiramente estava esperando. Não percebi que, enquanto eu simploriamente me asseverava de que você se esquecera do encontro, era você quem sofria a brutal intensidade do abandono. Não compreendi que, independentemente do que acontecesse, era você, sempre, o desamparado.

Em *Canoas e marolas*, você havia escrito: "Eu estava dentro de uma pura vontade de chegar ali, me ajoelhar e pedir perdão, só isso, um perdão intransitivo, de tudo e de nada, perdão que afogasse fulminantemente a minha semântica enclausurada da palavra perdão. Um perdão que inaugurasse a si próprio, que instruísse uma outra carnadura de si mesmo e que, enfim, é claro, pudesse de fato perdoar, perdoar os ínfimos desvãos de cada história, perdoar a paisagem que nos viu nascer, perdoar nosso passado que não nos preparou, perdoar o que somos, mais que tudo perdoar esse ser subterrâneo que trazemos assoberbado de vergonha."

Volto agora aos ínfimos desvãos dessa história ouro-pretana para pedir perdão.

Por favor, me perdoe, João. Pelo amor que eu não pude, não consegui, não soube dar a você. Por favor, me perdoe por eu não ter compreendido como era especial o seu jeito de se entregar, com toda força e fragilidade, à Literatura e à Vida.

Por favor, me perdoe por eu não ter percebido que você, João, é que era a própria encarnação do Amor.

Em *O nervo da noite*, a sugestão:

"Se o melhor não tivesse chance de conduzir o agora, que esse melhor então se dissolvesse logo, deixando a vaga para a próxima quimera."

RITUAIS DA VOZ

uma canção de amor
se prepara e se delira
se adensa

e se dissipa

"parecia que de repente o meu destino tinha me ultrapassado, a mim e a todas as canções que costumavam sair de cor da minha boca."

– ecoa a voz em *O quieto animal da esquina.*

FLERTE DO SILÊNCIO

Haveria ainda muito a dizer nesta canção que quer transformar o dizer em puro sopro e melodia e arrepio e transbordamento.

Eu poderia dizer da emoção de um texto intitulado "Aprendizes da noite", que João escreveu para mim como prefácio do livro *Chuva de letras*. Eu poderia contar, com orgulho, que foi esse meu livro que abriu na obra do João uma vereda fascinante: a trilogia dos seus livros juvenis – *O nervo da noite* e *Sou eu!*, de 2009, e *Anjo das ondas*, de 2010 –, trilogia que se viabilizou por causa de um encontro nas ladeiras de sonho de Ouro Preto, quando apresentei ao João o Adilson Miguel, meu editor na Scipione.

Eu poderia narrar uma esfuziante conversa no Café com Letras, após a mesa que mediei em agosto de 2006 no Salão do Livro de Belo Horizonte, na Serraria Souza Pinto, e que quando perguntei o que ele ia fazer depois, ele me disse que ia jantar no hotel, e eu retruquei que de jeito nenhum, João, não vou deixar você jantar sozinho, você quer sair comigo?, e que quando eu escolhi o risoto de abóbora com carne seca, ele disse que queria, exatamente, o mesmo prato que eu.

E eu também poderia lembrar, comovido, que foi nessa noite que entreguei a ele um exemplar do meu livro que considero mais difícil, o *Tablados: livro de livros*; e que alguns dias depois recebo dois e-mails em que João elogia, com sua linguagem luminosa, o que no livro me parecia mais desafiador e singular.

Eu poderia também relatar a satisfação de mediar uma mesa com o sugestivo título "Assombros do amor", na Bienal do Livro de Minas Gerais, em maio de 2010, e a satisfação ainda maior de naquela noite ouvir o João me dizendo que desejava que nos encontrássemos de novo dentro de um livro, que gostaria muito que eu escrevesse alguma coisa em um livro dele.

Eu também poderia falar da felicidade e do imenso frio na barriga quando ele me convidou, sim, para escrever a orelha da segunda edição do monumental *Mínimos, múltiplos, comuns*, um dos poucos livros que na literatura brasileira criam – e magistralmente – uma cosmogonia literária inteira.

Eu poderia dizer mais, de mais emoções e cenas e encontros, mas esta canção já se alonga em demasia, e já dá para sentir o clamor do silêncio, o flerte do silêncio atraindo o rebuliço das palavras de volta à calmaria, chamando o bicho selvagem da linguagem de volta à sua toca.

Em *Rastros do verão*, o desejo:

"pela primeira vez avaliei de fato o quanto a música significava para mim. Que o meu fim fosse trágico, ou modorrento, ou cômico, mas que não me faltasse a voz para cantar até a véspera."

A CANÇÃO

Lembrei-me agora, João, da canção que eu gostaria de ter cantado para você. A canção que ficou em silêncio todos esses anos. A letra realmente se parece com os parágrafos finais do livro *Bandoleiros*. Você se lembra? O livro termina assim:

"Porque João sorria, e não importava coisa alguma que ele fosse morrer. João vai. Eu vou. Todos nós vamos morrer.

Então, o que importava era aquilo mesmo – eu devolver esse largo sorriso para João, que está ali, do outro lado do vidro, me sorrindo.

E eu fui. Abandonei a mala e fui, devagarinho, gozando cada passo, e cheguei perto do vidro, e João estava ali do outro lado, com seu braço bonito dobrado para cima, a mão contra o vidro, e eu fui ali, toquei minha mão no vidro, justo na mão de João."

Os papéis caídos no chão.

As mãos vazias.

Agora só falta cantar.

Agora, olhando diretamente para você, para você que me olha neste instante, olhando diretamente o seu rosto que me olha em silêncio, olhando para você, João, que agora está presente em cada rosto corpo vida vibração que aqui silenciosamente me ouve,

eu canto,

eu canto esta antiga canção:

ó meu amigo, meu herói
ó como dói saber que a ti
também corrói
a dor da solidão

ó meu amado, minha luz
descansa tua mão cansada
sobre a minha
sobre a minha mão

a força do universo não te deixará
o lume das estrelas te alumiará

na casa do meu coração pequeno
no quarto do meu coração menino
no canto do meu coração espero
agasalhar-te a ilusão

ó meu amigo, meu herói
ó como dói
ó como dói
ó como dói

2

PARTICIPAÇÕES ESPECIAIS

Para mim, João Gilberto Noll, apesar de já falecido, é o autor contemporâneo mais importante do Brasil. Sua linguagem é de uma originalidade, de uma unicidade, tão especial que só pode ser comparada à de Clarice Lispector, embora Noll não fosse de modo algum um seguidor influenciado por Clarice. Mas, como ela, seus livros sempre propiciavam verdadeiras revelações para os leitores. E nunca forma e conteúdo foram tão inseparáveis. Tive a sorte de ser seu amigo e senti muito a sua morte, mas seu legado literário é eterno. Há alguns meses, ouvi o argentino César Aira, outro que fez e faz de sua escrita um mergulho existencial e formal único, dizer que ler Noll era uma experiência estética arrebatadora.

Veja que o dia malcomeça   Note que a letra é ensaio
Ambos detalhes   Vaus recuperados   Ausências vêm
Eu tanto os fiz   São cantares a céu aberto
Sempre fomos: felizes e imensos e imensamente
                    DESEJO
As frases não se acumulam   passam feito uma água
                                                    [imediata
passam de mão em mão de boca em boca
feito o lapso nosso sem definitivos   o cegamente dançando
como as folhas   bem como as palavras querem
                    EXISTIR
E é no corpo que se lê a origem
dos cismas e sua figuração
é no corpo meu que ora eviscera isto: coragem de parte dura
e inamovível do teu silenciamento e do teu
                    BREVE
Não conto de ontens   Não falo dos voos cegos
Celebrarei o alguma coisa urgente: tudo
é fúria   é música transbordada
são rastros o que deixamos são armas depostas mãos
                                            [destituídas
Inventários que não mais preconizam próximo verão
    QUIETO
Quieto e grande   Quieto e imenso
eu mesmo em você mesmo
só fôlego   mercê   ventania
                    SÓ ESQUINA

Uma canção de amor deve ter esperas
longas tardes   noites de insânia e tempo bruto
deve ter aquele grito inexequível que inaugura maios
em íntegra sobrevivência (nervo)
depois do mês mais cruel aqui estamos   acontecimento
Feito bandoleiros   Feito salteadores
plantamos lírios
    para que o branco seja infinito
    para pisarmos sobre o branco
    para devolvermos ao branco
        SUA ESCURIDÃO

LUÍSA RABELLO

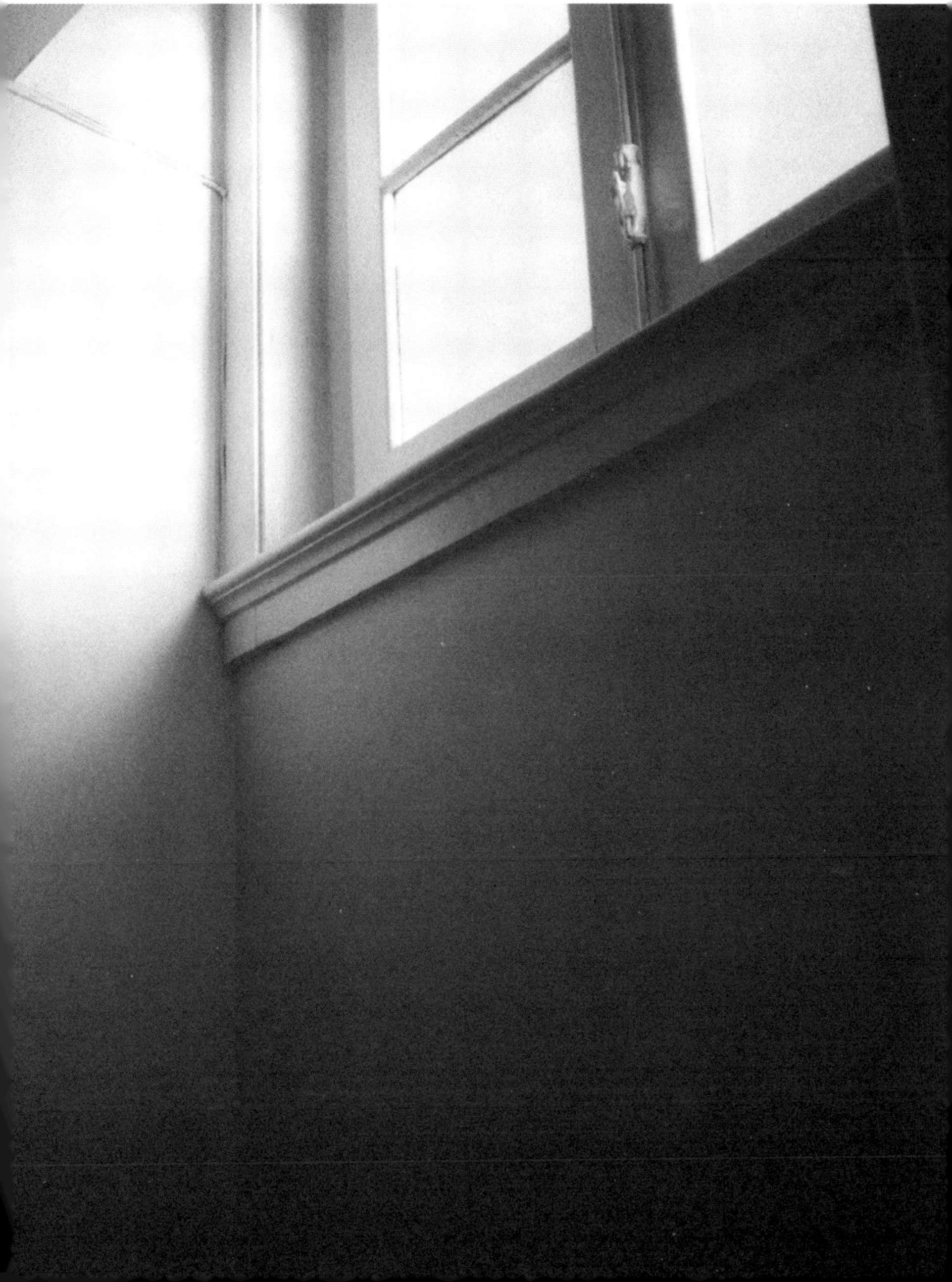

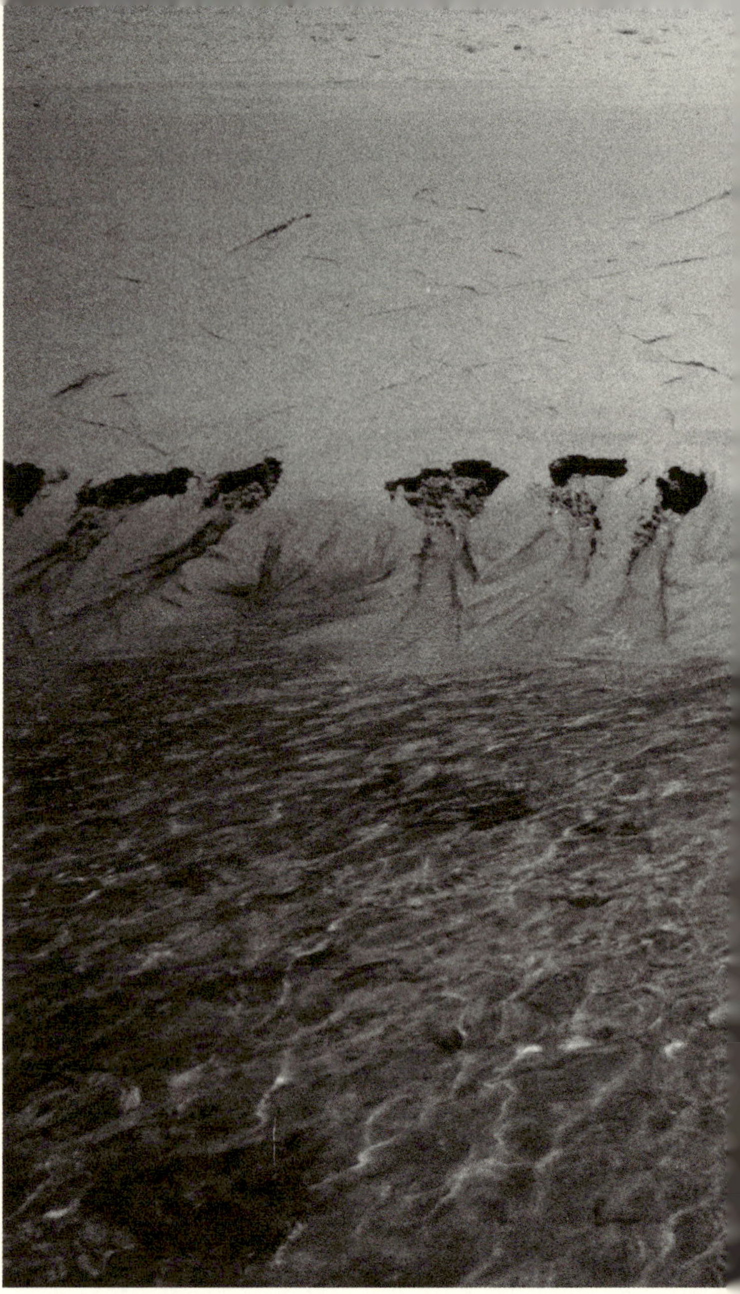

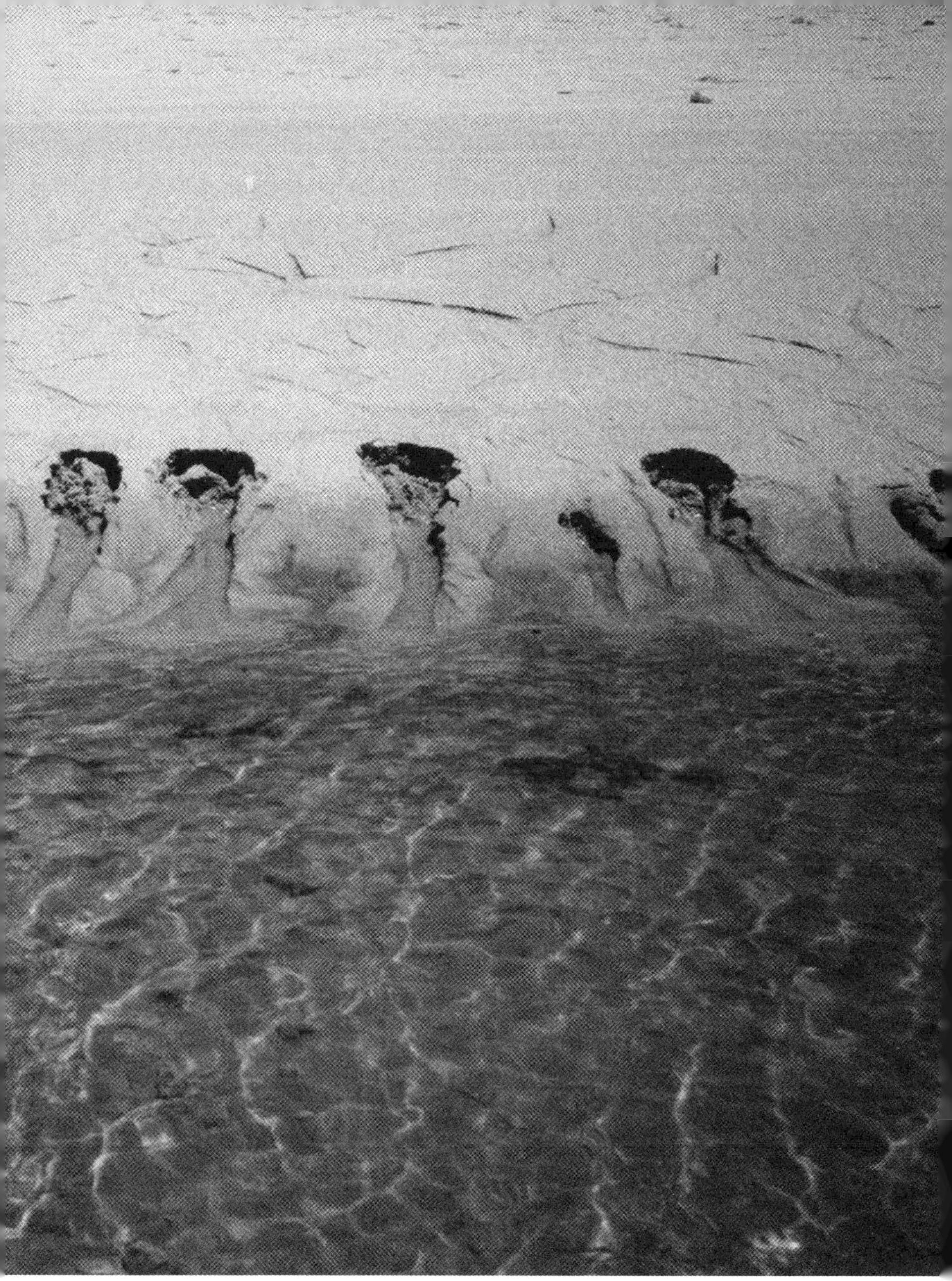

Uma grande alegria na minha profissão de editor é ter sido o responsável pela publicação dos três livros que João Gilberto Noll dedicou (supostamente) aos jovens. Alegria ainda maior foi a relação de amizade e confiança que se desenvolveu entre nós a partir desses livros.

Minha história com Noll começou na Flip – Festa Literária Internacional de Paraty – de 2008. Naquele ano, uma mesa que me despertou muito interesse foi a que ele dividia com Lucrecia Martel. Seria a primeira vez que o veria ao vivo e também conheceria a cineasta argentina, cujos filmes me haviam impactado. Mas a mesa acabou frustrando: pouco falantes, os dois não conversaram entre si, apesar dos esforços do mediador. A impressão mais forte que me restou foi a da leitura que Noll fez de suas obras – ainda não conhecia a voz esquisita que ele usava para ler seus textos. Não podia imaginar que em pouco tempo eu me tornaria seu editor, e aquele modo de ler deixaria de soar estranho aos meus ouvidos.

Na época eu estava editando o livro *Chuva de letras*, de Luis Alberto Brandão. Logo depois da Flip, se lembro bem, ele me comunicou que Noll aceitara escrever a apresentação do volume. Aí começou o nosso contato.

Em novembro do mesmo ano, assisti ao Fórum das Letras de Ouro Preto, e Noll estava entre os convidados. Já no primeiro dia encontrei Luis Alberto, que me apresentou a ele. Acabamos almoçando juntos, na companhia de outros amigos, e tivemos uma conversa muito agradável.

Falamos de literatura, e em particular da literatura voltada para os leitores jovens. Sempre me incomodou a designação "literatura juvenil", por achar que a literatura não precisa de adjetivos que a restrinjam, e porque sob esse rótulo em geral se abrigam obras com vocação muito mais didática do que literária. Noll demonstrou interesse pelo assunto e, no encontro seguinte, veio me falar que estava estimulado a escrever para o público jovem. Gostei do que ouvi, mas encarei a declaração com certo ceticismo. Tivemos ainda outras conversas e, ao final do evento, combinamos que ele me enviaria um original. A história ainda me parecia improvável, mas eu estava animado. O fato é que o projeto avançou, e em menos de dois anos tínhamos três livros publicados.

Quando recebi *Sou eu!* fiquei surpreso, pois esperava um romance ou uma novela, e o que veio era um relato curto, um conto – reproduzido no próprio corpo do e-mail. Li o texto de um fôlego e me encantei. Noll então me deu a notícia de que tivera outra ideia para um novo livro. Não hesitei em aceitar a proposta, e em pouco tempo chegava *O nervo da noite*.

Sou eu! relata o encontro de dois garotos, "em um único dia de verão, entre o fim da infância e o limiar de um mundo novo", no dizer do narrador. Em uma linda cena, os dois se banham no rio, "em estado de graça solar", como num rito de passagem. *O nervo da noite* mostra outro adolescente em busca de sua identidade. Caminhando a esmo, ele encontra uma casa em ruínas e precisa enfrentar o medo de ali passar a noite.

Embora belíssimos, os dois originais representavam um desafio editorial. Como publicar textos tão curtos sem que parecessem meros folhetos? Descartamos a alternativa de juntá-los em um único volume, e a decisão, por fim, foi fazer dois pequenos livros que fossem primorosos, com design e tratamento gráfico especiais. Assim nasceu a ideia dos cadernos pautados, muitas vezes usados como diários por adolescentes. Na época, os moleskines já faziam sucesso e serviram como referência.

Os dois livros ficaram com os mesmos formatos e acabamentos (cantos arredondados, costura aparente, *silk screen* na capa). Para ilustrar, escolhemos um jovem artista, Alexandre Matos, que entendeu bem a proposta e produziu imagens simples, mas muito expressivas, com traços às vezes incompletos, semelhantes a desenhos que adolescentes costumam fazer à caneta em seus cadernos. A designer Marisa Martin ganhou prêmio pelo projeto gráfico dos livros. E, mais importante, Noll aprovou a escolha e ficou satisfeito com o resultado.

Era claro que ele tinha gostado da experiência, tanto que logo me propôs um terceiro livro, dessa vez mais extenso – o romance que eu tinha imaginado. Passados oito meses do lançamento dos primeiros títulos, Noll autografava *Anjo das ondas* em uma livraria de São Paulo. O livro traz a história do jovem Gustavo, que, depois de viver em Londres com a mãe, retorna ao Rio de Janeiro para morar com o pai. Ele completa quinze anos justamente na viagem de volta, durante a travessia do Atlântico, metáfora de sua transição para a maturidade. Em meio à descoberta da sexualidade, Gustavo vive uma aventura decisiva em busca de si mesmo.

Para esse livro, entendemos que a solução seria um projeto gráfico simples, mas moderno, arejado, jovial – características refletidas na capa, toda azul, com um *big close-up* do rosto de um garoto, cortado por causa da aproximação. Parece que acertamos mais uma vez, pois Noll chegou a dizer que aquela era uma de suas mais belas capas.

Apesar da extensão maior de *Anjo das ondas*, os três volumes têm grande semelhança. A começar pelos protagonistas, todos em transição para a vida adulta. E decerto esse é o único aspecto que permite classificar essas obras como juvenis. Pois quem as lê não encontra nenhum tipo de concessão.

Pelo contrário, reconhece de imediato os elementos recorrentes nos trabalhos de Noll: primazia da linguagem; frases poéticas e musicais; ausência de linearidade; alternância da voz narrativa; predomínio da introspecção; apelo à sensualidade; protagonistas solitários, errantes e desenraizados etc.

Noll costumava dizer que o personagem presente em toda a sua ficção era sempre o mesmo. Inclusive nesses livros, nos quais ele aparece entre a juventude e a inserção no mundo adulto. Para o escritor, literatura não tinha nada a ver com sensatez ou pedagogia. Por isso, a adolescência é tratada nessas obras sem qualquer estereótipo, como uma fase instável e dolorosa da vida. O que de fato importa é a humanidade e a solidão desses indivíduos.

Hoje relembro essas histórias com carinho e tenho enorme satisfação de estar por trás de um conjunto tão particular dentro de uma obra vasta e importante como a de Noll. Recordo também os nossos encontros e conversas, sempre entremeadas de silêncios, em que falávamos de literatura, cinema, viagens e projetos, entre tantas coisas, e percebo como foi intensa e repleta de afeto a nossa amizade.

> E a noite estará mais uma vez escura como esta na ideia agora, você sabe, existe sempre o que se sonhar com estrelas lua o diabo sideral.
>
> João Gilberto Noll, A céu aberto

Beira de estrada. Chego de viagem para te encontrar, sua expressão entediada olha para o vento, enquanto todos ao redor conversam alto, juventude no peito. Seu rosto se contorce de alegria, seus olhos espremidos se enchem e os lábios tentam me dizer filho da puta, volta e nem me avisa, você não me avisou que viria, por que não me avisou que viria? Nos abraçamos

Algumas pessoas caminham para dentro da mata. Mal entro na trilha, você passa seu braço sobre minha cintura, lado a lado, cheiro que volta, chama ainda brava. Anoitece em sombra, um tom de azul e cinza, ainda não nos dispersamos

O ápice do morro e você observa o horizonte por detrás dos meus olhos. Aproxima-se, cruza seus braços indecisos sobre meu abdômen: não são limites, tenta me dizer. Mas em minha cabeça calejada, coração nodoso

Nadas em capim alto, água doce, mergulho ao teu encontro, grandes correntes de ar, somos apenas dois corpos escorregadios, não obstante o áspero. Emergimos ainda enlaçados, caímos numa grama seca, encosto e é rígido pela primeira vez: acredito

Me masturbo estirado sobre solo infértil, você já não existe, talvez a tarde tenha te engolido e te cuspido longe, me masturbo pensando, me debato. Com o corpo cavo

No topo há o quarto da libido mais elevada, vou até lá e não encontro ninguém. Uma voz chama meu nome, está vindo, rápido visto a roupa e saio. O chamamento cessa. Não há ninguém no quarto de todas as transas, apenas camas vazias, lençóis esticados. Estou vestido e fora

Sou neste instante a noite. Do alto do morro me perco no panorama de luzes que indicam pessoas que indicam dramas. Penso em voltar, mas chego de longa viagem e o lugar é aqui.

Enxada, sulcos profundos, enxada

JULIA PANADÉS

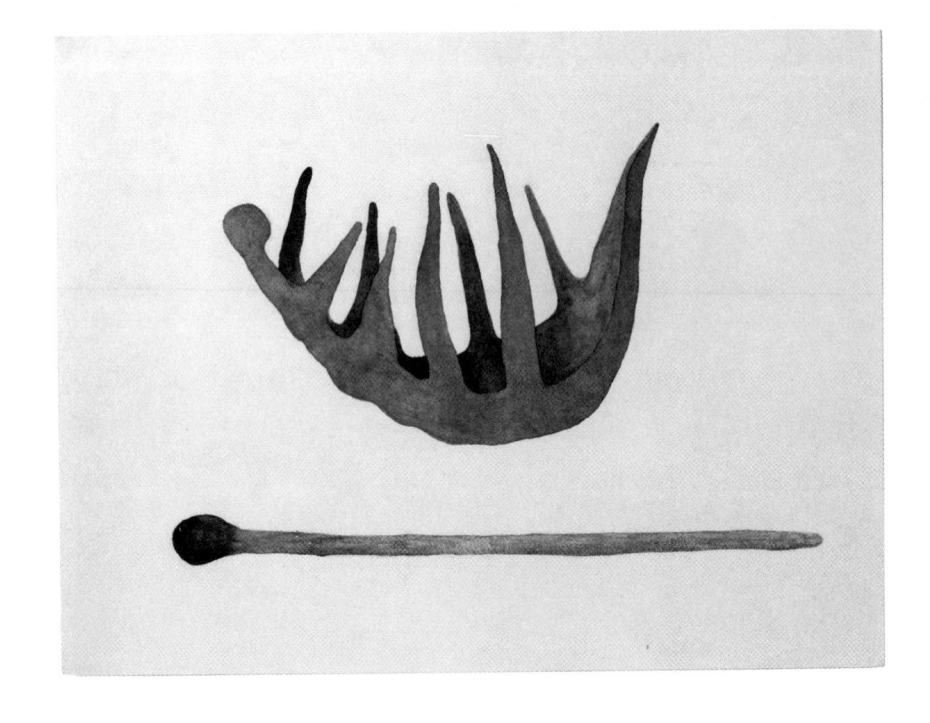

Eu guardo uma escrita
Eu guardo para ninguém
Eu guardo porque não posso te dar
Eu guardo para mim uma centelha
Eu guardo para mim uma centena de poemas
Poemas cadentes
Frutos descabidos
Sons noturnos
Aves amanhecidas
Acordes insones
Durma sem eles
Conduzirei o incêndio em segurança
Eu guardo a chama em brasa na promessa de não te abandonar
Eu guardo uma centelha de poemas
Eles somem na escuridão
Eles desaparecem no céu da boca
Lá onde guardo a palavra *você* entre a língua e o palato
Como um segredo
Como com a boca o segredo dos poemas descabidos que não te escrevo
Não te escrevo
E o efeito de não te escrever é vertido nas rosas roubadas
Nos poemas dos outros que te entrego
Disfarçadamente explícitos
Como se fossem meus
Como se não fossem teus.

Era 29 de março de 2017. Um dia depois da morte de João Gilberto Noll. Passei o dia vendo pipocar na rede social declarações apaixonadas de seus leitores. Lá pelas tantas, escrevi: "Morre João Gilberto Noll, de quem li tão pouco e gostei muito. Daí fico vendo as postagens entusiasmadas de alguns dos melhores leitores que conheço e bate aquela sensação de ter deixado de ler exatamente o que não devia. Vida dura essa de caçar palavras". A sensação é de que isso sempre se repete: só o estardalhaço da morte nos acorda para o que devíamos ter cuidado de fazer. Comecei a anotar as indicações dos amigos: romances incríveis, contos prediletos, entrevistas, vídeos, a voz de Noll. Corri para ler mais do Noll. Trazê-lo para perto. Martelava na cabeça algo que ele disse numa entrevista ao Eduardo Sterzi, em 1996: "Eu me interesso por um certo descontrole, ser levado, arrastado. A escrita como um ato de abandono, de aventura, de não saber onde vai dar". Era isso. Há um certo descontrole, um arrasto, uma aventura no lado do leitor. Tem que haver. Peguei *Mínimos, múltiplos, comuns* e deparei-me com 338 "romances mínimos": textos de um parágrafo com até 130 palavras. A apresentação de Wagner Carelli adverte que Noll dedicou-se ao livro durante três anos e quatro meses, escrevendo dois textos por semana, que foram publicados na *Folha de S.Paulo* entre agosto de 1998 e dezembro de 2001. Ao ler essa informação, entro novamente em parafuso – o desejo de ter lido esses textos soltos na selva do noticiário. Como uma notícia ou um anúncio, perdidos ali, como uma aventura. Ou uma desventura. Com o livro nas mãos, fico pensando como seria chegar a cada um daqueles textos sem saber exatamente o conjunto a que pertenc(er)iam. Não dá mais. A "cronologia da criação" de Noll já está toda nas minhas mãos. Já sei, ao ler cada um de seus pequenos relatos, que eles compõem um livro dividido em cinco seções – Gênese, Os elementos, As criaturas, O mundo e O retorno –, que, por sua vez, se dividem em tantas outras. Invado aquela "vastidão de vastidões" (na precisa expressão de Luis Alberto Brandão) sabendo mais do que deveria. Um romance composto por 338 romances. O espanto de constatar que cada um deles não parece prestar conta sequer ao seu conjunto interno, porque Noll escreve como quem despista nossa curiosidade por suas cenas e personagens, mas em verdade presta contas a bem mais que isso: a uma espécie de estrutura prismática, cuidadosamente calculada, em que se espelham as (im)possibilidades todas da vida. Um romance que permite a entrada por qualquer página. Um romance com 338 portas e infinitas combinações de percurso. Romance(s) de um prosador que não temia a poesia, não fugia das frases melódicas, não recusava o auxílio luxuoso da metáfora. Tento, em vão, apreender essas histórias que se esfarelam nas minhas mãos afoitas, mas fico zanzando ali como quem tivesse sacado que o convite de Noll era justamente para esse encontro que não podia acontecer. Dentro e fora do livro, quando cheguei, Noll já havia saído. Vou continuar seguindo Noll.

Teu coração emudecido.

Olhando através dos arcos para um vale cada vez mais escuro, lá, onde havia promessas. Mas estavas tão sozinho. E, diante de toda aquela paisagem, escutavas o canto de um pássaro que dali vinha, um canto crescendo... decrescendo... Muitos já não o podiam escutar, mesmo com todos os seus ouvidos.

Estavas sempre procurando, em tua solidão continental, enquanto os idiomas fluíam estranhíssimos, indistintos, enfermiços [cada terra com o seu uso, reza o provérbio!].

Já não sabias mais onde estavas e por quê. A confusão mental te tirava do chão e tu naufragavas. Tua consciência definindo-se enquanto ias bebendo o vento, por rajadas. Querias rever o teu amigo – Bill – e reencontrar tudo o que viveram vinte anos atrás. E, no Hotel Allegro, o corpo dele, tão desejado, apareceu embaçado, com uma cabeça de onde saía uma auréola escura que com certeza somente aos teus olhos exigentes transparecia. Mas, logo em seguida, não te lembravas exatamente de tudo que acontecera; te despedias da realidade na qual nos aferramos para sobreviver.

Tu andavas siderado de vontade por eles. Por eles todos [este homem é mais levadinho do que pensas]. Amar, o que é? Não há definição para esta palavra, não. Aquele homem que havia estado na Guerra do Iraque era muito peludo, como um urso, e tu estavas louco para perder-te ali. Mas nada aconteceu, nem mesmo o clímax interno que ao fim só demandasse silêncio, por toda aquela noite gelada.

Le corps, l'amour, la mort... estes três são parte de um.

E havia a paisagem sob o manto de neve, e o tempo transcorria, como uma sucessão à distância. Por isso foste para a Cidade do México, para visitar o Museu Trotsky, um museu vazio, sem ninguém. Mas Mira estava entre as folhagens verdes tropicais, bela e menina ainda. Enlouqueceste novamente, precisavas provar tua virilidade a qualquer custo. Deixaste a menina com o vestido rasgado no peito, viste que ela era quase sem mamilos. Encerraste a cena apertando-lhe a mão e correste para o aeroporto.

[Menina, escute, sou eu, não há de ser nada, apenas pensamentos.]

No Brasil, encontraste Frederico. Logo foram comer um arroz úmido, gostoso. Em tua casa, ele buscou e abriu um livro de tua estante ao acaso, era uma antologia de Murilo Mendes. Ele não compreendia o português. E tu? Homem usado, já com muitos anos nas costas, sempre à caça, sempre à deriva. Como se Saturno te abandonasse, e tivesses que sofrer severas privações: tantos lugares vazios à mesa! Teu sexo retumbava, marejava, gotejava. Surgiam fenômenos estranhos inquietantes e propensos às crises, com inclinação para a dor e as nebulosas.

A vida orgânica atreve-se a ressurgir, no desejo, naquela carpintaria. Era verão, mas fazia frio. A fachada da casa que visitaste era pobre, mas o interior mostrou-se suntuoso. Fogo ardia na lareira e aquele canto da coruja... renitente. E, de repente, surgiu aquela floresta. Foi quando tu, o carpinteiro e sua mulher começaram a correr, e tudo se dissolvia em uma espécie de afastada dimensão. Nessa ordem de ideias, a natureza carnal, na sua fuga temperamental, fez com que tu acordasses no meio dos dois, na cama com os dois, ambos de lábios carnudos, muito deliciosos. Carnudos mesmo. Mas não sabes o que fizeste no quarto com os dois. Não te lembras.

A coisa toda, a coisa em si, foi escapar da solidão. Superá-la, e assim viajariam, Frederico e tu, por mares e matas, rolariam por folhas secas e misturar-se-iam com o barro.

Tu deverias ter contemplado os astros em tua solidão. Agora o sol se acha a ponto de entrar na constelação de Gêmeos, que tem como vizinha a constelação de Órion, com o seu cinturão de estrelas, as Três Marias, como dizemos por aqui. Depois ele passará por outras constelações em direção ao inverno. Não colocaste flores frescas nos vasos de tua casa e, por isso, os insetos não foram te visitar, ou foram?, mas não nos contaste. Sim, as velhíssimas constelações. Grandiosas. Fogueiras acesas em junho e cirandas dançadas de mãos dadas ao redor de labaredas erguidas... Noites de farra! Farra mesmo. Não levavas chapéu, nem casaco, ias quase nu *à peine*. Deixavas os vizinhos com aquele quê de perplexidade ou de agastamento ao passar pelas ruas de Porto Alegre. Esquecias da natureza, esquecias que a natureza é espírito.

Várias coisas te passavam pela cabeça, muitas, tantas que precisavas apoiar a mão direita no ombro de Frederico; eram os primeiros sinais de labirintite. Temes certas coisas e por isso corres delas antes que versem sobre ti. Ajoelhaste, ajoelhaste diante do garoto, não para rezar, mas como um velho cansado e pouco viril. Estavas vivendo o momento da virada. Tu estavas sentindo o bolor se aproximando como uma teia invisível.

Frederico sumiu, ele morreu? Carregaste o garoto, ele respirava, talvez houvesse esperança. Imaginei todo aquele terror noturno, a forma sublime da lua pairando sobre o rosto desacordado do moço. Não encontrei a tendência de suavizar e de embelezar os fatos, nada de majestoso triunfo sobre o mundo; tudo ali, naquela noite, revelando da forma mais radical o sofrimento e a debilidade da carne. Andaste muito, carregando Frederico nos ombros, babando em ti. O trajeto seria o teu calvário, talvez. Quais as palavras para descrever uma situação assim?

Permita-me, Senhor. Creio que vão trilhar lado a lado mais um pedaço do caminho, fincando os pés naquela lama toda, com pés molhados e a camisa suja de sangue. Vais fugir ou somente abandonar o corpo? Não vais agir? Te sentes mal e covarde? Céus, cruzes! Não vás me dizer, ele estava vivo... quem pensaria uma coisa assim? *Ad haec quid tu*? *O que tu me dizes disso*?

Apagou.

Tu és João; João Bastos. Homem branco, magro, morador da área central de Porto Alegre. E eis que a imagem aparece, volta, reminiscente, sempre. Tu lembras, tu esqueces, tu procuras um corpo para incendiar o sexo debaixo do astro, a pino no verão, em pleno meio-dia. Uma loucura: é quem tem uma natureza particular e um modo de sentir-se alterado. Como decorrência de seu estado, a loucura prepara o sujeito de modo que os dois, ela e ele se entendem bem. E depois de tudo, escuta, João! Terás algum futuro? Como voltarás para a rotina inofensiva quando se experimenta um mundo como aquele? Tu terás que chegar em Porto Alegre antes do entardecer. A loucura representa um relaxamento e uma medida de proteção contra golpes excessivamente graves do destino que, diga-se de passagem, eu também não consigo suportar com lucidez.

Sem dúvida, tua casa será agora o lugar mais indicado para ti.

Piá! Dirás ao menininho. Piá. E assim vais, lentamente, entrar.*

....
* Este texto foi escrito após a releitura do romance *Solidão continental*, de João Gilberto Noll.

PEINTURE COULEUR 700

PEINTURE COULEUR 700

700

CHARLES
BAUDELAIRE
Les
Fleurs
du Mal

840
B338f
1956

SIMONE
DE BEAUVOIR
TOUS
LES HOMMES
SONT
MORTELS

840
B386t
1. ed.-19

840
B386t
31. ed.-19

João Gilberto Noll foi pianista e cantor na infância. Dizia que, chegada a adolescência, a excessiva timidez impediu-o de continuar cantando em casamentos.

Lembro da voz de Noll e do seu jeito único de ler um texto. Às vezes, a voz era um fio, prestes a desaparecer no silêncio.

Meu primeiro encontro com Noll foi numa lanchonete da rua da Bahia, ele hospedado no Hotel Othon, eu hospedado num projeto de dissertação de mestrado – tentando cercar o texto de Noll, uma escrita sempre à deriva.

Depois, outro encontro, numa sessão de leitura, no subsolo do Palácio das Artes. Em particular ou em público, sua fala era sempre tecida naquele fio de voz. Pontuada por uma respiração às vezes áspera, represada.

Quando as pessoas leem, procuram fazê-lo de modo que a respiração não interfira na leitura. Noll fazia o contrário. A respiração, ora leve, ora opressiva, era parte integrante e fundamental da leitura. Sim, e ele fazia a leitura soar musical.

Hoje eu ouço João Gilberto e penso em como ouviria João Gilberto Noll se ele tivesse sido cantor.

João Gilberto disse uma vez: "voz é ar".

João Gilberto Noll demonstrava isso em suas leituras.

se o seu silêncio já não valesse
por quase uma eternidade.
João Gilberto Noll

1.

entro e saio do edifício
sem me deslocar

penso no que você diria se estivesse aqui
nesses seus olhos de anjo das ondas
no que deve ter sido nascer em 1946

penso no que é estar sozinho no mundo
sozinho no quarto

penso na música da sua voz
que me enleva e entristece
diante da impossibilidade de abraçar
sua imensidão

2.

tudo me comove:
o livro por vir na cabeceira da cama
a natureza morta nas paredes da sala
xícaras vazias esquecidas sobre a mesa
a solidão continental das plantas

3.

sua fotografia é hoje
uma memória da palavra

tento fixar sua imagem no papel
desenhar com luz
cada detalhe das suas errâncias
suas expressões de dor

tento habitar o que há
de mais elementar
na sua presença

4.

aquarianamente
tento desvendar as notas frescas
que emanam das suas coisas:

algo que passa pela bergamota
pela flor de laranjeira
que escapa entre meus dedos
& os rituais cotidianos

reminiscências
d'uma fragrância-estrela
que num ou dois abraços
se impregnou em minha blusa

5.

guardo
no nervo da noite
constelações dos seus vestígios

as cores da cidade invadem o apartamento
com neons

brechas luminosas surgem
como vagalumes dançando nas sombras

pequenos *frames*
dos nossos afagos
que se dissolvem

na escuridão

6.
sete ou oito coisas
ficaram por dizer

:

agora ecoam ecoam ecoam
como a paisagem na janela
a desordem da casa
essa composição de bach

um certo estado de vazio, talvez
minha compulsão pela melancolia

como camadas de silêncio que
r e v e r b e r a n d o
deixam escapar

[

]

7.
se suas mãos pudessem me tocar
agora
e numa espécie de contaminação recíproca
reinventassem

a linguagem
dos nossos gestos
as engrenagens
do nosso afeto

flutuações de possibilidades
emergiriam

aliviariam as tensões
as saudades
essa necessidade
de me fundir a você

sem saber onde vai dar

1.

Escrevi (a primeira pessoa aqui me parece estranha) uma dissertação sobre João Gilberto Noll há mais de 15 anos. É uma dissertação na qual hoje eu não me reconheço muito (outro dia mesmo comentava com uns amigos o quanto eu ficava aliviada com o fato de que ela seja tão antiga que não está *online*...). Quando, em 2017, ouvi a notícia da morte do Noll, no entanto, me lembrei desse período de escrita e me dei conta de que foi um privilégio ter passado algum tempo no embate com um texto tão singular, ter feito esse percurso de formação passando por um texto que justamente parece dinamitar toda ideia de formação, texto-aventura – "escrever dentro do horizonte da aventura" foi o que o Noll disse ter aprendido com Clarice Lispector – que segue uma trilha tão inusitada na ficção brasileira, trilha cheia de interseções com a poesia.

Na dissertação, intitulada *A escrita fora de si: uma leitura da ficção de João Gilberto Noll*, eu partia do modo particular como são tratados, nos textos de Noll, três objetos, que têm subvertidas suas funções ou deslocado seu funcionamento – o mapa, o espelho e o relógio –, para falar do redimensionamento que aí se opera das categorias narrativas do espaço, do sujeito e do tempo, da problematização da experiência, da identidade e da memória. O que, se tem implicações para o modo de figurar o percurso do sujeito que emerge do relato, e que não pode mais extrair, de seus trajetos, uma aprendizagem, ao menos nos moldes tradicionais do romance de formação, tem também eco na estrutura narrativa, sujeita a desmontagens e rarefações. Uma "escrita fora de si", marcada pela dificuldade de dizer "eu", pelas imposturas da memória, pela instabilidade da identidade, desequilibrada e precária como o sujeito que ela coloca em cena. Escrita "fora de si", porque as personagens de Noll não parecem capazes de constituir uma experiência de vida que possa ser transmitida ao outro, mesmo porque a memória não pode ser salvaguarda de sua história pessoal, e a própria identidade é um jogo cambiante. Mas "fora de si" também porque, ao se dispor a seguir as personagens em suas rotas imprevistas, em seus deslocamentos sem roteiro, essa escrita acaba se tornando ela mesma imprevisível, ela mesma sem roteiro, escrita que, como as personagens, por vezes parece alucinar, perder o controle, ficar fora de si.

2.
No período durante o qual escrevi a dissertação, não tive nenhum contato pessoal com Noll.

Em 2010, recebi um e-mail em que ele contava que tinha lido o texto que o Fabrício Carpinejar escreveu para a revista *Bravo!* a respeito do meu primeiro livro, *A vida submarina*. Ele dizia que tinha ficado sabendo, pelo texto do Carpinejar, que eu escrevera uma dissertação sobre a obra dele, dizia que gostaria de conhecer a dissertação e também o livro que eu acabara de publicar. Enviei a ele um e-mail desajeitado, agradecendo pelo interesse, e depois encaminhei a ele uma cópia da dissertação e um exemplar do livro, e foi tudo.

Uns dois anos depois, fui à Balada Literária para lançar *Da arte das armadilhas* na mesma época em que ele apresentava a peça *Solidão continental*. Ele ficava sozinho em cena, sentado, lendo em voz alta, arrastada, pausada, trechos de seus livros. Depois da apresentação, nós trocamos algumas poucas palavras, ainda no teatro, e foi tudo.

Agora, enquanto escrevo este texto, me dou conta do quanto é apropriado que o meu único encontro pessoal com Noll tenha sido num teatro.

3.

Na minha dissertação, em vários momentos eu chamava a atenção para as relações da escrita do Noll com o teatro. Dizia que era uma escrita de corpos em ação, ou, antes, em atuação. Notava que, nas narrativas de Noll, há várias referências ao teatro, à encenação, à simulação da ação. Em *Hotel Atlântico*, o protagonista é um ex-galã de novelas; em *Harmada*, um ex-ator que se converte em diretor. Dizia que, no entanto, a teatralidade que aí está em jogo impregna a vida e é por ela impregnada, de modo que entre o que se representa e o que se vive, entre ação e atuação, há limites tênues, a todo tempo franqueados. Em mais de uma passagem, a vida é acusada de ser tão somente simulação da vida, os homens são vistos como representando gastos papéis, os gestos são tão somente clichês de gestos – "A vida é simulação, há um verão no Rio, todos vão pra praia, à noite em gargalhadas lambuzam-se de chope e eu pergunto: do outro lado do mundo resta ainda um gesto que se exponha em estado bruto e não sature o ar de mentiras? (...) ou tudo já é só essa penúria mesquinha simulando vida?" (*A fúria do corpo*, p. 87-88[*]). Por outro lado, a encenação, a atuação, pode impregnar-se subitamente da verdade da ação. Em *O quieto animal da esquina*, a personagem,

---
[*]As referências aos livros de João Gilberto Noll neste texto foram feitas indicando-se o título do livro, seguido do número da página correspondente em: NOLL, João Gilberto. *Romances e contos reunidos*. São Paulo: Companhia das Letras, 1997.

que decide simular um ataque para escapar de um policial que lhe pede os documentos, acaba tomada por um ataque real: "(...) pois o que fora o teatro de uma convulsão para afugentar o homem que se dizia policial tinha virado uma coisa que de fato me tirara de mim." (*O quieto animal da esquina*, p. 471). Como se lê em outro texto literário brasileiro em que proliferam os signos ligados ao teatro, à atuação, *Um copo de cólera*, de Raduan Nassar, "(...) um ator em carne viva, em absoluta solidão".

Na dissertação eu dizia também que a presença do teatro se faz sentir nos textos de Noll pela atuação de um narrador--ator que deixa entrever a cada instante que a subjetividade encena no texto o teatro de si mesma. Se, na obra de Noll, a narrativa é quase sempre em primeira pessoa, o "eu" que aí se apresenta é sempre vacilante, sempre teatral, sujeito que se desdobra em outros e que faz de seu próprio corpo matéria de encenação: "Eu era aquele homem no espelho, eu era quase um outro, alguém que eu não tivera ainda a chance de conhecer." (*Harmada*, p. 520). Do "eu é um outro" rimbaudiano resta esse "eu era quase um outro", identidade de passagem, que não chega a constituir-se, que não se fixa nem no "eu" nem no "outro", mas nesse "quase" hesitante – "sou fulano, sicrano, beltrano, ninguém".

Ainda assim – eu (aquela que eu era então, quase uma outra, quase eu...) dizia na dissertação –, ainda que consciente do desencaixe intransponível entre o mundo e sua representação, ainda que se saiba cena, essa escrita insiste em textualizar o corpo, em simular a presença do corpo no texto. A estratégia de aproximação do tempo do enunciado e do tempo da enunciação efetuada em muitos textos de Noll acentua o efeito de apagamento da distância (inevitável) entre vivido e narrado, entre o corpo e sua escrita – simulação de uma escrita "em tempo real", em que o presente dos corpos se diz a cada momento. A ficção de Noll aponta para esse desejo do corpo exposto e concreto, desejo de um desejo realizado que (para parafrasear uns versos do poeta René Char) no entanto permanece desejo: "eu quero um carnaval de verdade", lê-se em *A fúria do corpo* (p. 137). Desejo do qual podemos aproximar também a ideia de uma linguagem não simbólica, não convencional, linguagem de gestos, de palavras sem semântica, só de afetos, intensidades, apelos, que aparece em alguns textos de Noll. Linguagem que não é veículo de saber ou poder, mas canto, entoação, e que se anuncia sempre como se pela "primeira vez", expressão que – e não será por acaso – encerra *A fúria do corpo*.

4.
É pensando nisso que quase não lamento não ter conhecido pessoalmente João Gilberto Noll. O que é afinal conhecer pessoalmente um escritor? Conheci suas personagens, convivi com sua escrita, aprendi o quanto é instável e difícil dizer "eu". Conheci sua voz, pausada, melancólica, estranha, no palco vazio. Conheci pelo nome suas personagens sem nome e também um talvez "João". Segui como um mapa os deslocamentos sem mapa de suas personagens andarilhas. Agora Noll já está morto. O que ele conta já não pode contar com ele. Nós, porém, sim, podemos ainda contar com suas palavras-aventura.

Pensei em algo bem radical a partir do que sinto, só isso, que me parece tanto – dentre tantos enfoques, tantas vivências, tantas alegrias e dores fortes constantemente sentidas, tenho uma simples proposta:

Uma página em branco seguida de uma página em preto.

Presença/ausência. Luz e sombra.

Em memória do meu grande amor.

Pode ser?

Não duvidando do poder das palavras, poderia seguir numa terceira página:

Nunca deixe de me amar, meu lindo.

Seguimos juntos para sempre.

(choro)

Se achar piegas demais,

descarte as palavras.

(risos)

E continua...

Algo entre um recitativo à la Ezra Pound (são magistrais as gravações do grande poeta modernista), o cantochão e as longas inflexões características dos estilos de narração teatral nipônicos, tais como o nô, o kabuki e o bunraku: é assim que eu ouço as sempre interessantíssimas leituras que João Gilberto Noll fazia de suas histórias. Há um quê de encantatório no modo como ele realiza a transposição do texto impresso para o âmbito sonoro. Como se cantasse, ao contar. Como se quisesse devolver ao conto a possibilidade de ir além do "que" se conta, recuperando um "como" contar que remete tanto a épocas remotas da arte da narrativa quanto à poesia, com sua atenção extrema ao significante. "Prosa poética", ele mesmo dizia, a respeito de alguns de seus microcontos. Poesia, meu ouvido faz que sim.

papel branco. borda vermelha. no rodapé, o número da página: 1. mais um caderno que se inicia, dessa vez, vermelho inteiro, rubro, escarlate, cor de sangue, o mesmo tom que há alguns minutos deixei na privada, do segundo dia de menstruação. que era branca e redonda. a privada. escrevo. sentei-me, algum tempo depois, na cadeira, também vermelha, cor de sangue, mas agora desbotado, do auditório. grande, largo, imponente, microfones e pessoas. ouço, calo-me. ele fala. ele conta sobre ele, outro ele. ambos gigantes. eu imagino, palavra por palavra, as cenas sendo desenhadas. um filme passando na minha cabeça, talvez *noir*, talvez cinema novo. feito aquarela de toquinho numa folha qualquer. branca, como a minha, que agora está mais preta. desenhada. não, escrita. eu vejo, na minha frente, dois homens em ouro preto, caminhando, discutindo sobre letras, a literatura, a escrita e a poesia inerente a tudo isso. não toco nesses homens ou eles desaparecem. ouço, calo-me. pinto de novo a aquarela dos desenhos das palavras e das canções. fecho os olhos. outro auditório surge: um menor, pequeniníssimo, também vermelho, mais ainda desbotado, quase rosa. nele, apenas os dois homens. uma vitrola. e a voz, vermelha, vermelha, vermelha. que desenha. escreve. canta.

Tenho o orgulho de ter editado João Gilberto Noll e de ter sido sua amiga, mesmo da forma discreta com que ele se relacionava com as pessoas de que gostava, com um silêncio permeado pela intimidade. Jantamos juntos uma vez no Rio, e assisti mais de uma vez leituras suas. Lembro que fiquei muito surpresa com a profundidade de suas reflexões uma vez em que o ouvi falar, no Itaú Cultural, em São Paulo. Em geral, ele apenas lia seus textos, não gostava muito de dar depoimentos. Mas eram leituras inesquecíveis, ele falava muito lentamente, com uma voz lisérgica, como se estivesse em delírio, como se as palavras saíssem enlameadas pela dor que lhes dera origem.

Ele adorava o Fórum das Letras, vivia me pedindo para ser convidado, e uma vez chegou a ficar chateado comigo porque não pude trazê-lo em um ano consecutivo. Era um dos maiores escritores vivos do Brasil e me pedia, como um menino, que o trouxesse todos os anos a Ouro Preto, pois ele adorava o contato com o público e sentia-se muito bem, lobo solitário que era, na atmosfera onírica e sombria desta cidade. Aqui ele conviveu com Luis Alberto Brandão e sempre ficava feliz quando eu convidava esse grande autor e amigo para acompanhá-lo e mediar suas leituras.

tudo que era urgente
agora amansa aqui por debaixo, João

longo poema que luta para ser lido
como os deveres subterrâneos do corpo
feito astro irrigado a exaustão
[à força]
para acabar fluído:
sem margem ou menção de começo
com afinco
até que seja entendido
o texto inteiro para atrair cada imagem ao seu âmago

eis o ato de correr as palavras à luz
ainda que só à sombra trabalhem suas forças
como o sangue pintando as águas

tudo isso para morrer
como que enchendo a boca em silêncio
para cima e para baixo no decurso do mundo
como que ofício
de abalar sem ser visto
[entranhadamente] no fôlego último

são dias e ventos para saber um rio
– como a literatura, que sabe
e que existe porque você morre:
o vero ensaio de transpor os sítios mais refundos
e seguir à risca
o escuro rastro da terra
– o estudo de ser autêntico quando passa

hoje o dia corre sem urgência
para escrever o escrito rosto em movimento, João:
morrer como e quando lido
[a céu aberto]
e reviver

NÉCTAR AO LÉU   FERNANDA GOULART

fiquei a olhá-la meio faminto

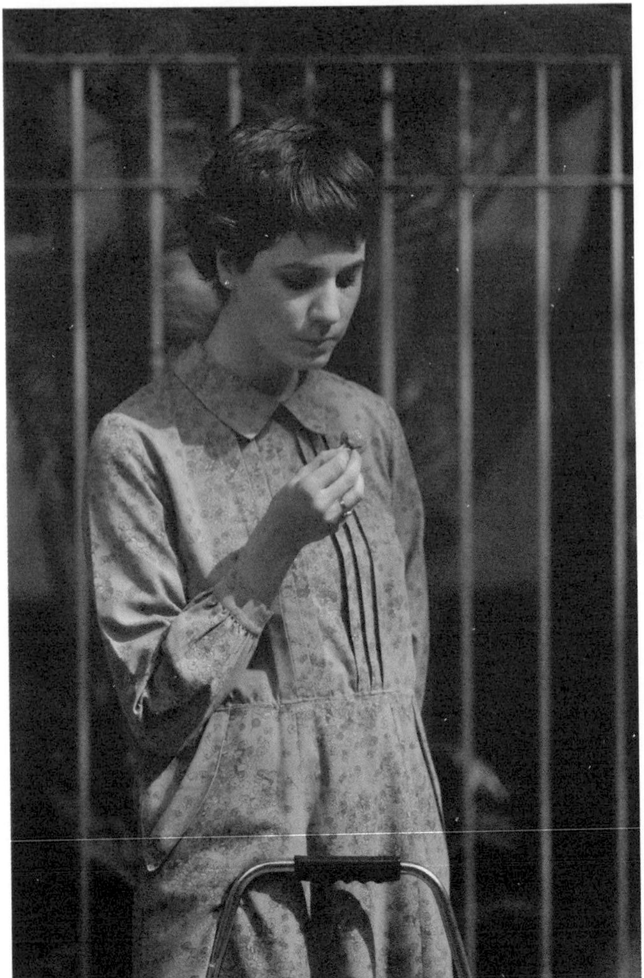

o ímpeto com que a abraçava ao deitar

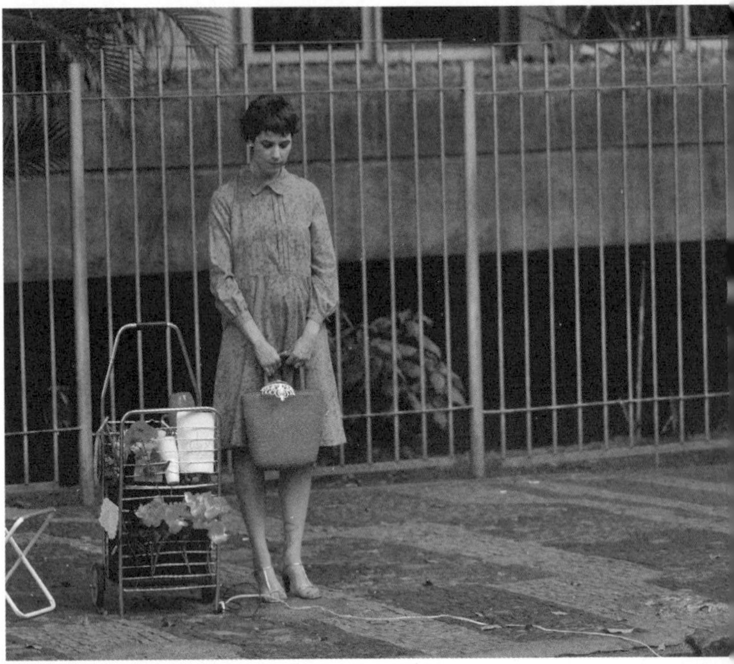

aparando o horizonte da dolorida culminância dos domingos

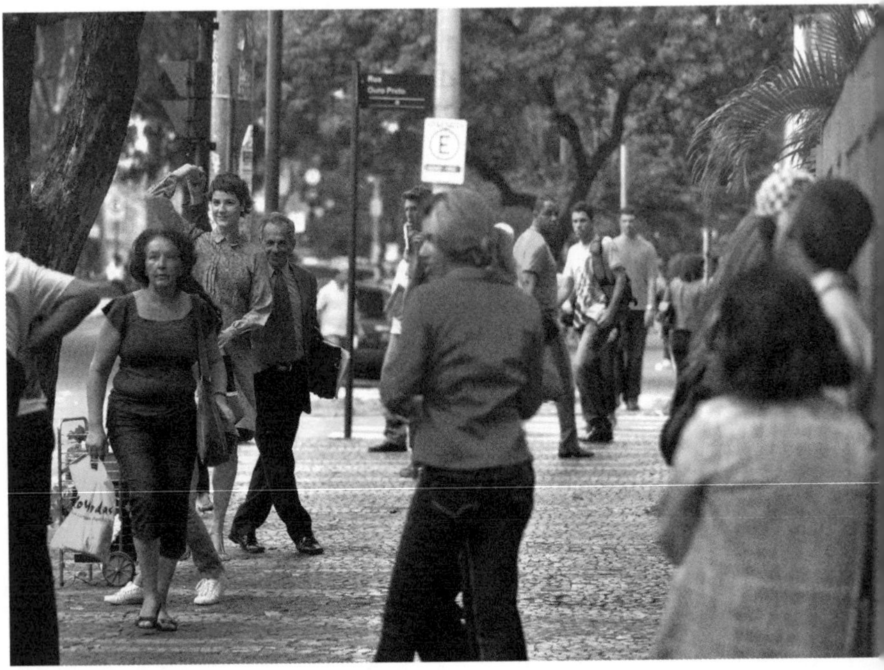
E

e eu, parado à porta do quarto, me perguntei quem era o homem que ela esperava ter um homem contumaz em se ausentar nem se sabia pra quê

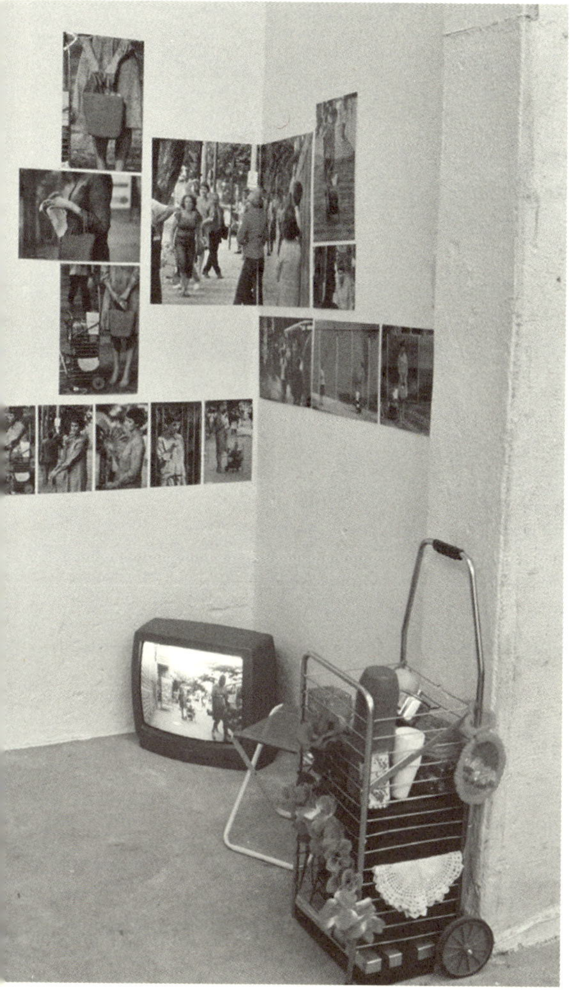

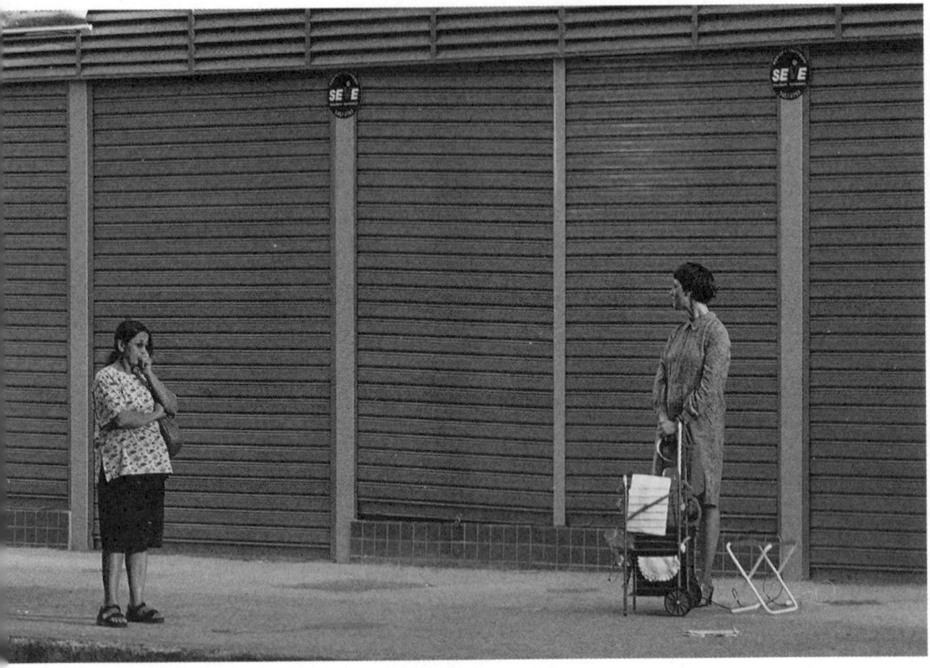

só a prolongar a força típica das vésperas

"Eu estava ilhado, sozinho numa cidade que não existia, era isso? Viver confinado aqui nesse quarto, com banheiro, uma vista de manchas em preto-e-branco, cinza, creme, na sua maioria sem sentido, tudo isso seria tão ruim assim?"
Lorde

"Ninguém dependia das preocupações de ninguém para que o destino continuasse em marcha."
Rastros do verão

À mente de leitor fascinado pela obra de João Gilberto Noll imediatamente me vêm alguns dos inusitados personagens que o confirmam como um dos maiores ficcionistas brasileiros de todos os tempos. Criador de uma narrativa arrebatadora, constantemente iluminada por raios de poesia, Noll deu vida a personagens solitários e desamparados, que parecem vir de um mundo labiríntico, de contornos pouco definidos.

"Onde estou?, indaguei. E, para a densa escuridão, agora com uma sombra em movimento a poucos passos, eu perguntei, em trêmulo suspiro: É esse o meu lugar?"
Anjo das ondas

"...não tenho certeza de nada do que penso, tudo pode ser assim de fato, ou mais ou menos por aí, ou nada, nada disso."
Berkeley em Bellagio

Trilhando zonas de sombra entre consciente e inconsciente, essas vozes insólitas têm noção de que precisam fazer alguma coisa, mas se esqueceram ou não sabem exatamente o quê. Atordoados por sonhos, vertigens e desejos, ao mesmo tempo manifestam cansaço existencial e expectativa de recuperar a memória que se perdeu.

"Olhei para os meus pés andando e de súbito eu já estava na calçada."

Rastros do verão

"Foi só ali que me dei conta de que eu tinha passado do filme para mim mesmo naturalmente, como se entre o espetáculo e minha vida bruta não houvesse um hiato."

Acenos e afagos

Em *Lorde*, a voz de Noll confessa que viveu "aqui e ali dos seus próprios livros" e que muitas vezes (e isso me causa perplexidade) passou por maus pedaços para disfarçar a precariedade material. Noll nos deixou em março de 2017, tendo trilhado seu caminho, como se lê em *Acenos e afagos*, "com o mesmo peso de uma borboleta no dorso do nada".

Todas as canções são de amor? Se há uma resposta, não sei dizer. Contudo, carreguei essa pergunta desde a primeira vez que ouvi a canção para João – o amigo e herói tão presente, agora, em mim. Não tenho a pretensão de solucionar problema algum, mas de declarar-me tímida e apaixonadamente a este Livro-Canção.

Assim que me sentei na cadeira do auditório tomado de gente, atribuí a mim mesma – como se eu estivesse só – a missão de absorver o máximo de palavras conduzidas por Luis. Inútil desafio, pois mal sabia eu que, para escutar aquela canção, era preciso lançar-me ao desconhecido, ao mistério de apenas sentir. De repente, todas aquelas pessoas acompanharam-me enquanto eu subia e descia as ladeiras de Ouro Preto, ou enquanto, exageradamente bêbada e tropeçando em minhas pernas, cruzava o pátio do Dragão do Mar.

O espaço-tempo era, ali, uma extensão sem limite para nós. Fui transportada a outra realidade onde reconheci que sou forte, sou mesmo... Mas que, naquele dia, teria de chorar. Não fui mais forte que a voz de João guardada na fita cassete ou mais firme que os seus passos pela avenida Afonso Pena, em Belo Horizonte. Chorei com ele, como se eu fosse a responsável pelo desencontro do almoço, e lamento, ainda, pela ausência de fotos em sua companhia.

Quando Luis apertou o botão *replay*, a melodia soou novamente e o sol de Fortaleza preencheu outro auditório e iluminou as perguntas que gostaria de ter feito ao João em um de seus tantos diálogos com o público. Ao mesmo tempo, os pingos de chuva embaçaram minha visão, impedindo que eu visualizasse as feições de cansaço e satisfação que ele poderia ter esboçado nas noites ouro-pretanas. As palavras de João, que saíram de Luis e atravessaram-me, chegaram até aqui, ao que escrevo. Todas as palavras recolheram-se ao canto do meu coração – estaria eu incorporada, igualmente, em João?

Agora, sujeito-me a estar só e sentir saudade de tudo que não vi, não toquei, não ouvi, não vivi – tudo voou junto às folhas, das mãos de Luis ao chão. Cada gota de sentimento enamorado transbordou do aquário azul e brilhante no qual mergulhamos, duas vezes, nós três. Repito, baixinho e incansavelmente, o mantra inventado por João, e que tomo para mim, a título de consolo: como é bom estar viva e poder ouvir, com olhos e ouvidos, a sua canção! Definitivamente, uma canção de amor.

Acordei e me lembrei daquele escritor lá do sul que conheci na Itália e faz aniversário em abril, neste dia, se não me engano. Ele é ariano. Quase nunca memorizo datas; porém, hoje parece ser um dia especial: eu estava sonhando com o cara. Ele me beijou a fronte e me disse segredos, mas as palavras não significavam nada, uma língua estranha (talvez um italiano arcaico) soprava um calor suave ao pé do meu ouvido numa noite de vento frio e forte, num 15 de abril. Por que nesse dia?, me pergunto em estado onírico. O que ele está tentando falar comigo?, por que está se esforçando tanto para falar comigo? E sua voz foi aumentando, aumentando, aumentando, girando, cantando e crescendo tanto que encheu de ar o quarto de alto a baixo, e eu flutuei.

Agora, percebo em minha coxa, virilha e púbis a quentura do líquido da poluição noturna, seguida da sensação que não experimentava desde o nosso último encontro num quarto de hotel naquela cidade lacustre ao norte da Itália, onde vivemos uma espécie de arrebatamento, que a memória apagará. *Ele me apertou contra o peito ainda na calçada pedindo que eu dissesse eu te amo, diz eu te amo, eu disse eu te amo, ele respondeu nós nos amamos*, e sorrimos, *vamos subir logo pra gente entrar no apartamento e ouvir o disco da Waleska, você não gosta de música de fossa?*, e rimos muito. Teria ele encontrado o seu homem e o deixado passar como um vento de abril? Já não sei se penso ou se sonho, já não sei quem fala, já não sei quem sou. Acamo a cabeça.

Preciso me levantar e saber onde estou. O espaço, decerto, dará o contorno exato do meu estado real. Abro os olhos e olho os pés para perceber melhor a dimensão do meu corpo, miro as mãos, aliso os lábios, me levanto e vou me lavar. Noto sombras no azulejo (e no papel) e penso: sou um personagem daquele escritor que contava histórias não usuais, perturbadoras, estranhas. Ao olhar para a biblioteca do banheiro, sinto que sentimos pela primeira vez que agora vivemos apenas nos livros. Projeto-me no futuro, passando rapidamente as páginas de *Anjo das ondas* para saber como será o meu fim. E anseio que a morte do herói seja breve.

De longe,
ao sul,
um canto de sereia.

No sol de rachar cabeça, a caminho do aeroporto, descobri que o horário do meu voo fora alterado para as 16:20. Tinha saído às pressas da casa dos meus pais com receio de perder o avião – outra vez. Eles moravam agora numa chácara a 53 quilômetros de Fortaleza, no Buriti dos Esmeros, Pacajus. O meu lar tropical.

Estava preocupado com minha mãe. Saí de lá com a sensação de querer tê-la abraçado mais. Carregando a culpa da ausência. Com vontade de ser companhia na falação de véspera provocada pelas memórias das datas e dos eventos da família. Eu não escutava mais o som da campana avisando que o cuscuz está na mesa. Sentia falta das noites das redes enfileiradas na casa de varanda.

Desde que minha vó falecera, ela se enlutou com a amargura da justiça, não se conformava de não poder ter feito nada diante das últimas tramas familiares ainda no velório da matriarca. Minha vó nem tinha sido enterrada e já estavam dividindo a decisiva herança, orquestrando entre si um grande acordo para as bastardas e cambiando a reforma da decadente casa-grande do sítio da família nas Pedrinhas. Naquelas terras inférteis, mais nenhum cajueiro e nenhuma mangueira davam frutos.

Minha mãe ora parecia uma mulher inconformada com a perda da fiel companheira, ora parecia uma mulher obstinada a traçar novos planos. Eu, só queria estar por perto, amenizando as revoltas. Mas eu também queria estar perto do homem pelo qual fui capaz de abandonar o sistema da casa e afirmar a liberdade de um amor construído. Atravessei o mapa, do litoral às minas, busquei morada nos corações fraternos e continuei a cruzada literária junto aos amigos do mapa.

Agora eu estava ali novamente, percorrendo o limbo das identidades, na travessia das realidades, no terminal das memórias, o familiar terminal das memórias. Dividido entre existências e cartografias. Acompanhado dos fantasmas do passado e das promessas de um velho país do futuro.

Tudo reclama urgência sobre a terra, eu pensei.

Era preciso fazer alguma coisa urgentemente.

No saguão, as reminiscências, as chegadas e as partidas se multiplicavam e se misturavam até não sobrar mais nenhuma companhia. Num painel vivo, assisti ao estudante de letras que viu o avião. Vi o beijo dos dois homens namorados. Vi a mãe e o filho dançando a última melodia. Vi as lágrimas do neto atordoado. Vi o grande Escritor chegar a passos lentos.

Fechei os olhos, e as memórias da minha terra natal não se dissiparam. Abri, então, a bolsa transversal de couro marrom que carregava e peguei um dos livros que deixei na casa dos meus pais quando fui embora. Era um livro especial. Um livro de um amigo. Um livro que selou o encontro da Amizade, uma prova de que Filotes existia.

Abri o livro. Sublinhado a lápis um trecho me chamou a atenção:

Sempre me perguntava se as pessoas percebiam em mim um obcecado pelas coisas do sexo ou do amor ou das duas coisas juntas.

Fui folheando enquanto lembrava.

Olho para a capa, para o grande nome
NOLL

e leio bem baixinho, entendendo tudo: Solidão continental. João parece estar aqui. Trago o livro para perto do peito. Abro-o novamente. Deslizo os dedos sobre a dedicatória. Vou à última página verificar se o e-mail grafado ainda está lá. E lembro. Lembro o dia em que conheci João.

*

Dentro do livro vejo João à minha frente.

Ele está no salão preto e branco do restaurante Toffolo. Toca o *Canto das três raças*, na voz de Clara Nunes. Uma das maiores vozes da música brasileira, ele nos diz. É nossa primeira noite ali em Ouro Preto, e João Gilberto Noll está comendo batata frita e tomando uma cerveja bem gelada conosco.

2012. Diziam que o mundo ia acabar.

Tinha perdido meu voo para Fortaleza dias antes. Estava aguardando o resultado do processo seletivo para o mestrado em estudos literários na UFMG. Não sabia agora quando voltar. Na verdade, não sabia de nada enquanto não saísse o resultado que decidiria os rumos da nossa vida. Mas, ali, sentado àquela mesa com meu namorado e com um dos maiores escritores da literatura brasileira contemporânea, me perguntava se essa era a estrada do fio do destino ou apenas um Tique do acaso material. Talvez terminássemos aquela noite em um quarto de hotel. Cenário ideal para o começo de um romance pós-moderno.

Eu sentia que ali não seria a nossa última noite, nem o nosso último encontro. João mesmo vaticinaria a punho as palavras

Uma nova amizade
na nossa edição de Solidão continental.
João homem super-humano.

O vigor estava ali no corpo robusto, seus olhos velozes saltavam da órbita e ele esvaziava o copo de cerveja. Um homem silencioso e atento ao que tínhamos a dizer. Falei das minhas impressões sobre os seus livros, falei que tinha visto Afrodite na rua dia desses. Ele disse que gostava de Alceu Amoroso Lima. Thales explicava a sua dissertação sobre A fúria do corpo. Algo sobre a violência na Ditadura Militar brasileira e a melancolia dos personagens nollianos. João, curioso, encorajava-o a falar, assentia com a cabeça. Sorria para Thales e reclamava do esvaziamento que fizeram dos seus livros, da importância e aplicação das teorias europeias.

E a vida?

E a política?

E a literatura brasileira?

Aquela noite com João ainda duraria o tempo de algumas cervejas, mais uma porção de batatas rústicas com queijo e bacon, um convite para comer pizza junto aos seus editores ali ao lado, uma esticada pela Rua Direita. Essa noite, vez ou outra, pula da caixa de memórias.

Nunca esqueço a imagem de João com seu boné de couro escuro, óculos, camisa de botão azul clara, calça jeans dobrada na boca e sua bolsa transversal, sentado no meio-fio da Rua Direita observando os estudantes mineiros. João amava Ouro

Preto. Vi na ternura do seu olhar a felicidade de estar vivo ali conosco. Subversivos suspeitos, alguém diria.

Nas altas horas da noite, ele disse que estava cansado, precisava ir, porque teria que acordar cedo para exercer o ofício de Escritor. Pediu-nos para acompanhá-lo até o hotel onde estava hospedado. Fomos.

No meio do caminho, eu lhe falei que um dia queria levá-lo a Fortaleza.

*

Três anos depois, no julho do Ceará, Terra da Luz, do Dragão do Mar, do Chico da Matilde, filho da pioneira província brasileira a abolir a escravidão, saímos do aeroporto e cruzamos de carro a Fortaleza bela, da Serrinha ao Mucuripe. No som do carro, tocava *Acontecimentos*, de Marina Lima. Deve ser por isso que, a partir desse dia, quando escutava Marina Lima em qualquer lugar, eu sentia uma saudade absurda do João. Passamos pelas praias de Iracema, dos *Crushs*, do Náutico, passeamos à beira-mar.

Muitas luzes na noite da cidade. E eu via o João no banco da frente com os olhos iluminados fumando um cigarrinho, observando a cidade acontecer.

Naquela noite fomos ao Mercado dos Peixes. Devoramos piabas e camarões.

Sentados ao redor de uma grande mesa, estávamos nós, os amigos do João, professores e professoras de literatura, homens e mulheres que vivem da literatura. Vivem de verdade! De realidade! Pagam o aluguel, a luz, a água, o gás, a internet, as compras do supermercado, e se duvidar mandam ainda uns trocados aos pais. Resistentes aos encastelados.

A situação era a mesma para um dos maiores escritores da literatura brasileira contemporânea. E também para a arte e a cultura deste país com pitadas de psicopatia. Uma vez por telefone ele havia me confidenciado a importância dos cachês para sobreviver.

As noites que passamos juntos foram intensas, emocionantes, pareciam mais longas, e nos sentíamos seduzidos pelo mistério das ruas de Fortaleza. Aquela cidade também parecia uma nova cidade para mim.

Entre os dias na Universidade Federal do Ceará e as noites de Fortaleza ocorreram festivos encontros e reencontros para o João. Ele reviu o pessoal da Unicamp. Foi reconhecido por leitores cearenses. Autografou a parede do *pub* de um fã-leitor obcecado por *Hotel Atlântico*.

Na última noite, eu, Thales e João conversamos sobre nossas vidas. A família. A igreja. A saída de casa. A vida entre os auditórios universitários e as ruas brasileiras. O dinheiro escasso. Os dias de vazio e insegurança. Os deslocamentos pelo mapa.

João estava descontraído. Ele nos falava do *Sentimento do mundo,* do Drummond, e do Modernismo. Falava dos tempos da opressão e do medo, da efervescência artística dos anos 1960 e 70 que o ajudou a dar conta da violência do Estado brasileiro. Fiquei empolgado quando falou que assistira à encenação de *O rei da vela* pelo Teatro Oficina e quando falou do filme *Terra em transe,* do Glauber. A arte nos salvava todos os dias.

Falou do amigo Caio Fernando Abreu, da presença de Clarice Lispector na sua trajetória de leitor, das primeiras publicações. Falou sobre os conflitos com Porto Alegre, sua cidade natal. Do livro que estava escrevendo e a experiência iluminadora ao lado das crianças, dos gêmeos.

Thales e eu ouvíamos atenciosamente aquela voz calma e serena. Perguntávamos sua opinião sobre livros e autores. João, sempre atento ao novo e ao antigo, improvisava um poeticismo discreto.

João era sincero. E também muito educado e elegante.

Quando chegamos ao saguão do aeroporto no sábado de manhã, nem eu nem Thales queríamos que ele partisse. Eu suspeitava que João não queria ir. Já me perguntava quando iríamos nos ver novamente. Fazia novos planos com ele. Esse escritor que estava à minha frente deveria ser mais lido, deveria ser mais reconhecido. Deveria viver plenamente da sua vasta obra.

Sentia que as surpresas da experiência em Fortaleza proporcionaram ao João uma volta feliz a Porto Alegre.

Um homem lindo esse João antropófago.

Quando demos o último abraço, ele nos falou do encantamento pelos verdes mares bravios de minha terra. Eu disse a ele que era muito bom estar vivo.

E a mulher do alto-falante anunciou o embarque do voo 0024 com destino a Belo Horizonte.

Eu precisava embarcar, mais uma vez.

Foi quando fechei o livro.

anexo 01
nader01.jpg

nader02.jpg

anexo 02
preroteiro01.docx

primeiro tratamento
mínimos, múltiplos, comuns

1.
Tela toda escura.
Ruídos urbanos. Voz em *off*:
"Plenitude é o vazio a que se dá uma direção".

2.
A tela escura começa a diminuir, deixando-nos ver uma pequena margem branca em torno do retângulo escuro. Aos poucos o retângulo torna-se um quadrado e daí se funde a *Untitled (Black and grey)* (1970), de Mark Rothko.

3.
A tela torna-se branca.
Surge na tela uma contagem de 1 a 130, com os caracteres sendo sobrepostos um ao outro, como se fossem se acumulando.
Silêncio.

4.
Surgem na tela em diversas sobreposições as várias páginas do sumário de *Mínimos, múltiplos, comuns* (edição da Record, de 2015). As sobreposições vão tomando toda a tela, tornando-a completamente escura. Desse emaranhado surge o título *Mínimos, múltiplos, comuns*.

5.
Corte seco para uma pilha de jornais *Folha de S.Paulo*. Em plano de detalhe vemos uma mão que procura por entre as páginas uma página qualquer, que surge recortada no quadro, como um vazio.

6.
Corte seco. Na tela do computador aparece escrita a palavra "Gênese", que depois é sobreposta por "Os elementos", "As criaturas", "O mundo" e "O retorno". Ouvimos, enquanto isso, a voz de um cantor lírico que solfeja como se estivesse se preparando para um ensaio.

7.
Em fusão surge uma imagem interna, em plano de detalhe, de uma casa popular. Trata-se de uma imagem fotográfica, que se mantém na tela em um *zoom* lentíssimo enquanto em *off* ouve-se uma voz masculina que recita "Ninguém" (p. 34).

8.
A locução continua enquanto a imagem da casa ganha movimento e passa a percorrer, em delicados planos de detalhe com movimento de câmera suave, os objetos e o espaço da casa que figurava na fotografia. Ruídos urbanos suaves ao fundo.

9.
A câmera continua seguindo pela casa e abre seu plano para "atravessar" uma janela aberta que nos permite ver parcialmente a rua, com uma silhueta masculina contra um céu extremamente claro e brilhante. Vamos nos aproximando

dessa silhueta, que passa a ocupar todo o espaço da tela. Tela escura. Enquanto isso ouvimos os sucessivos pigarros e treinos de uma voz masculina que começa a ler "O homem vago". A tela mantém-se escura e, sobre ela, eventualmente algumas palavras cintilam de modo fugaz.

e-mail 01

Em 22 de maio de 2020 17:48
Eduardo Jesus <edujesus2010@gmail.com> escreveu:

querido luis,

como te falei em nosso último encontro, sigo envolvido nessa aventura de passar os mínimos, múltiplos, comuns do noll para o cinema. tarefa que a cada dia se torna mais difícil. um desafio. sabe aquela anedota atribuída ao godard, que nunca consegui saber se é verdade mesmo? para ele adaptação de literatura para o cinema só funciona se o livro for ruim. caso contrário, partindo de bons livros, é impossível fazer um bom filme, a literatura sempre ganha. no fundo sempre achei isso, mas sigo insistindo nas imagens em movimento. parece ser a falta da escrita que me leva à imagem. lembro-me, por exemplo, da estranha (e quase decepcionante) adaptação do copo de cólera do raduan nassar e mesmo dos filmes feitos tomando a obra do noll. eles são bons, mas parecem ferir o que há de mais precioso na literatura dele: a invenção e a experimentação. ficam presos, a meu ver, na trama fechada da linguagem audiovisual mais tradicional, mais narrativa. parece que eles não se contaminam da potência experimental da literatura do noll. vc já viu essa entrevista com ele (https://www.youtube.

com/watch?v=C2IH3cBWvGI)? logo no começo ele diz: "o que me puxa é a linguagem e não qualquer contexto de conteúdo. eu sou um escritor de linguagem. é nesse sentido que eu disse que eu seria um escritor como um jazzista que improvisa. (...) quantas vezes estou escrevendo e paro de expressar a ação da narrativa para especular poeticamente sobre as coisas. (...) sou um improvisador quando escrevo".

mas como passar esse improviso, extremamente poético, preciso e radical, para as imagens? como fazê-las se contaminar dos radicais gestos estruturais do texto? como trazê-las para a tela impregnadas de certo traço vago e extremamente aberto da narrativa? como reduzir a vistosa imagem do cinema a esse traço mínimo?

bom, vou ficando por aqui e depois te mando as primeiras anotações do pré-roteiro.

seguimos,

eduardo

e-mail 02

Em 27 de julho de 2020 17:48
Eduardo Jesus <edujesus2010@gmail.com> escreveu:

ei luis,

você tem razão. parece haver uma resistência constitutiva na literatura do noll que a impede, pelo menos nos mínimos, múltiplos, comuns, de se tornar imagem em movimento na forma narrativa do cinema tradicional. sim, é no cinema experimental que essa potência vai funcionar mais intensamente. por isso talvez o filme da suzana amaral seja mais interessante que o do murilo salles. claro, tem aquele ator que parece segurar tudo, mas o filme em si é mais solto. segui sua sugestão e tem sido fundamental reler os livros e rever os filmes, assim, lado a lado.

a ideia de romances mínimos, da narrativa que vai se reduzindo a quase nada é uma total condensação de espaço e tempo. semelhante ao cinema que em sua duração reinventa tempos e espaços, em noll é como se houvesse uma luz que pisca muito rápido e não nos permitisse ver completamente o que se passa. *afterimage*. a imagem que guarda um pequeno vestígio, como um ruído no fundo dos olhos. ao acender novamente, a luz já ilumina uma outra cena. como se tudo fosse uma sucessão nem um pouco linear de outro lugar, outra pessoa, outra cena. isso me faz lembrar trovoada, do carlos nader, que em uma de suas passagens faz as pessoas cintilarem na tela. veja as imagens no anexo que te mandei. o vídeo inteiro está em: https://www.youtube.com/watch?v=V6eWHgSeecU

os mínimos parecem formar uma rede muito aberta na qual tudo faz parte de um único olhar. um olhar rápido, como um lampejo (essa ideia não me sai da cabeça) que apesar de sua velocidade atravessa tudo. foto em profundidade, como se atravessasse o real. cortando como se atravessasse um conjunto de paredes alinhadas. atravessar uma sobreposição de radiografias. como as camadas de imagens que sobrepomos nos softwares de edição. um sobre o outro. isso que atravessa retém alguma coisa. essa é a narrativa mínima, 130 palavras do noll. e as imagens como uma bala que atravessa o livro inteiramente.

segue uma primeira versão que consegui sistematizar, mas pode seguir outra direção. talvez isso se torne uma abertura geral do filme (?) para uma sequência de blocos. agora começo a pensar em blocos, ligado centralmente na estrutura do livro. sigo sendo indagado por esse livro e vamos ver o que acontece. gostaria de combinar alguma coisa com você, almoçamos juntos esta semana?

seguimos,

eduardo

e-mail 03

Em 08 de setembro de 2021 19:31
Eduardo Jesus <edujesus2010@gmail.com> escreveu:

ei luis,

pena não termos conseguido nos encontrar nos últimos tempos. gostei das suas sugestões e questões nesse primeiro pré-roteiro. acho que sempre vai ser um pré-roteiro. risos. é verdade, a ideia dos blocos cria aproximações interessantes com o livro, assumindo sua origem, sua relação direta com o texto escrito. é isso mesmo. sem medo de colocar a palavra escrita na tela. a referência ao nader inclui o pan-cinema-permanente que, ao biografar waly (penso sempre em "nader ao biografar-se em waly", essa é a provocação que não consigo resolver no texto que trabalho sobre o nader, que te falei aquele dia, outro lampejo), traz o texto para a tela de forma extremamente bonita e significativa.

a estrutura do livro é muito singular. ele organiza um arquivo, uma estrutura dividida em cinco partes que o noll explica no começo do livro, como uma espécie de cronologia da criação. as cinco partes maiores estão divididas em outras e depois em outras e assim por diante. acho agora que essas divisões são as camadas, níveis de profundidade.

AS CRIATURAS dividida em 16 partes, cada uma delas redividida em outras e depois em outras, para por fim chegarmos aos textos. um diagrama. penso em seguir essa estrutura para organizar os blocos, mas sem marcações precisas. veja a organização que proponho:

GÊNESE

    O NADA

        NADAS

            Ele (este é o lampejo, para usar a expressão que organiza essa parte)

        NINGUÉNS

            O homem vago

e assim por diante.

parece um roteiro de leitura sintetizado ainda mais. pode surgir um outro texto. aproximei, em exercício, meus favoritos e que talvez sejam mais fáceis (?) de abrir diálogos com formas imagéticas. não narrativa favorecendo a sensação. o gesto. a coreografia.

Ele (32), O homem vago (35), Erosão (38), Beijo na seda (41), Foz (42), Então gritei (46), Bruto! (47).

é um arquivo. uma indexação dos fatos mínimos, das narrativas-lampejo, do ordinário-cotidiano. na ordem que ele nos dá, primeiro são as criaturas, depois o corpo, o porte, gigante. como esses conjuntos se colocam e se relacionam? contêm e são contidos? noll classifica e organiza, fazendo mais uma vez os sentidos explodirem. por isso incluí as imagens do jornal e o sumário naquele primeiro pré-roteiro. noll tira os textos do jornal e faz, do gesto diário, dispositivo para construir seu arquivo, que poderia tratar como a estrutura dos blocos.

sigo por aqui fazendo novas combinações. formas de criar sequências, como aquelas que cortázar sugere no jogo da amarelinha. fiz combinações com alguma ordem, algum traço que aproxima, mas agora estou tentando o acaso.

nos falamos,

eduardo

e-mail 04

Em 27 de novembro de 2021 17:28
Eduardo Jesus <edujesus2010@gmail.com> escreveu:

ei luis,

olha, a referência à adaptação do filme de marguerite duras realmente me fez parar. como havia me esquecido disso. o filme é um desastre e coloca em linha a travessia na balsa.

claro, tudo tem conexões diretas com o tempo e com o modo como os blocos, divididos nas cinco grandes partes, se organizam. sigo na seleção e organização das partes que pensei em constituir cada um dos blocos. penso como se fosse a organização sensível de um arquivo. organizar a caixa de fotografias de uma pessoa que não se conhece.

te mando mais notícias em breve.

nos falamos,

eduardo

e-mail 05

Em 07 de dezembro de 2021 17:28
Eduardo Jesus <edujesus2010@gmail.com> escreveu:

querido luis,

chegar aos romances mínimos atravessando a sequência de seções que noll coloca tem sido surpreendente. esse caminho tem sido, além de divertido, muito produtivo. tenho avançado. GÊNESE, O NADA, O VERBO, PALAVRAS, erosão. essa sequência pode acionar o sentido de erosão, fazendo a ponte para as imagens.

em "erosão" ele diz, olha que fragmento incrível: "se eu falasse, viria uma palavra desossada que jogaria no teu colo. me confinarias? certo, naquela extremidade que eu costumava vislumbrar quando estranhavas o tom do que eu andava dizendo ou mais que o tom, a própria coisa que me vinha à fala, feito agora, assim... o que te assustava era o meu entusiasmo intransitivo atropelando qualquer ponderação."

"erosão" parece atravessar o tempo do encontro quando pensamos na sequência em que ele se insere. como imagem, penso em um homem que espera diante da porta de uma casa. a imagem o mostra de costas. um plano geral que também mostra a janela da casa, com uma delicada cortina esvoaçando. corte. o colo de uma mulher que mexe com as mãos delicadas, um plano médio mostra ao fundo a mesma janela que vimos no plano anterior. tudo dura. corte. vemos uma cena silenciosa de um homem que discute ferozmente com uma mulher. corte. voltamos ao plano aberto do homem que espera em pé diante da porta, também em silêncio. voltamos ao plano do colo da mulher mexendo com a mãos e aos poucos o áudio da discussão começa a ganhar espaço. corte. a mulher se levanta, sai de quadro e continuamos ouvindo a discussão. corte. voltamos ao plano do homem que espera e agora vemos a mulher abrindo a porta, a discussão segue até ele entrar na casa. ao entrar e a porta fechar-se, aos poucos o silêncio retoma e a cena continua quando outro homem passa diante da casa, para e olha para a câmera, encarando-a. corte.

penso em convidar a christiane tassis ("paisagem na neblina" e "o melhor do inferno") para fazer os diálogos. não tenho capacidade.

ainda estou acertando tudo desse grande arquivo, aproximando as partes e criando essas sequências. tenho pensado em alterar o começo, para não ficar manejando essas referências muito obscuras. você tem razão, pode ficar cifrado demais. eu me apeguei a essa ideia do rothko, de que wagner carelli fala em "um painel minimalista da criação". a aproximação entre rothko e noll é muito especial. profunda e contundente. talvez uma contradição fundamental para pensar a passagem da literatura de noll ao domínio da imagem em movimento. a tensão entre o lampejo e o convite "à demorada contemplação". gosto muito do rothko e ainda mais do malevich e o quadrado preto. gesto semelhante que achei potente colocar no início do filme, especialmente porque é cronologia da criação. do nada a alguma outra coisa. tenho dúvidas, assim como a citação de sartre que na verdade abre o ensaio de weiss sobre rothko, que está na articulação do belo ensaio de wagner carelli. acho a introdução desse primeiro pré-roteiro muito ilustrativa da ideia do jornal, do número 130 em relação às 130 palavras. acho que as cinco grandes partes do livro são as estruturas fundamentais e nomeiam blocos. tenho dúvidas da introdução, acho que acionando os blocos vai ficar mais direto e menos cifrado em torno dos textos sobre o livro. gosto desses textos, mas fica sempre uma dúvida. vamos ver.

você já viu o filme "um pombo pousou num galho refletindo sobre sua existência" do roy andersson? tenho pensado muito nesse jogo entre o lampejo, a duração e as camadas. o andersson coloca toda a cena, até mesmo com uma certa narrativa, em um único plano, com muita profundidade de campo. acho que essa referência, em algum momento, pode funcionar.

nos falamos,

eduardo

Não conheço a obra de João Gilberto Noll, o que lamento. Porém, conheço em boa parte a de Luis Alberto Brandão, na qual reconheço originalidade e valor, tal como em seu texto atual sobre Noll.

Neste, imprime ele, ao distanciamento usual à apreciação crítica de uma obra, certa inflexão, diria mesmo, inversão, ou seja, descobrindo-a e avaliando-a ao tomá-la em parte como sua.

De tal circunstância resulta um ensaio exuberante e pouco usual, de formação intrincada, figurações que realizam, em um fluxo sem pausa, sem reservas, a diversidade de que se alimenta,

tropeçando em suas pernas de João.

3

A VOZ DO JOÃO

NOLL, NOSSO CONTEMPORÂNEO

Ricardo Barberena conversa com João Gilberto Noll

Sofro de uma espécie de timidez crônica. Seus sintomas são bem estranhos, por sinal. Há anos manifesta-se uma curiosa equação interpessoal, pois quando falo para grupos não tenho problemas. Por sorte não ocorrem maiores constrangimentos em aulas, conferências, simpósios. Mas existe certo nível de angústia, tensão e expectativa ao conhecer uma única pessoa que seja.

Talvez devido a essa agitação nervosa me recorde dos detalhes de uma tarde de inverno. Lá estava eu na sala da coordenação do Delfos – Espaço de Documentação e Memória Cultural da Pontifícia Universidade Católica do Rio Grande do Sul – à espera de João Gilberto Noll. Como ele se encontrava levemente atrasado, as doses de café iam se multiplicando. Finalmente, depois de alguns eternos minutos, surgiu uma figura longilínea de passos lentos e olhar indefeso. Seus olhos sequestravam a minha atenção, pois pareciam carregar uma mistura de ternura e sofreguidão. Vestido com calças jeans, boné e camisa social fechada até o último botão, ressaltavam-se as costas levemente arqueadas. Mascava chicletes com um ar de doçura e parcimônia. Era quase impossível encontrar naquela figura humana a fúria bacântica dos seus livros. Ele estava pronto para ouvir e se doar com toda a singeleza e humildade que podem ser reunidas num ser humano. Sem que eu desconfiasse, nesse exato momento iniciava uma jornada de amizade.

Eu havia escolhido Noll como o primeiro escritor a ser convidado pelo Delfos. Hoje, passados mais de quatro anos desse encontro, já mais de cinquenta escritores palestraram. Naqueles terríveis primeiros segundos de interação, descobria, ainda intuitivamente, um dos maiores segredos do convívio com JGN: o silêncio é uma arma poética de reflexão, interação, sensibilização e desaceleração do mundo. Cada frase era seguida por vales de *não-dizer*, construindo-se uma interação afetiva antifonocêntrica. No mesmo momento, em ato contínuo, me vinha à cabeça um texto de Roland Barthes no qual ele se perguntava quantas vezes deveria falar num jantar para não parecer antissocial. E a cada silêncio, grávido de sentidos, Noll inseria um espaço de sacralização do silêncio.

Logo comecei a refletir sobre a possível caoticidade do curso que iniciaria em alguns minutos. Perguntava-me internamente: será que ele fará essas pausas gigantescas na sua exposição? Como os alunos vão reagir diante de uma performance tão antiacadêmica? Bom, era chegada a hora de ir para a mesa no salão principal onde mais de cinquenta alunos esperam avidamente, pois, ao longo de três dias, teríamos mais de quinze horas de entrevista/mediação com o escritor.

PARTE I

A fúria da linguagem

Uma sala com sessenta cadeiras vermelhas. Ao fundo do salão, uma mesa com dois microfones, dois copos e um jarro com água. O público da palestra, por volta de sessenta pessoas, é composto por alunos de graduação e pós-graduação. Ao lado esquerdo da mesa, um telão no qual é projetado o cartaz do curso de João Gilberto Noll. Ouve-se o som de relâmpagos.

Professor

(*aproxima-se do microfone e coça a barba*) Bom-dia a todos! Hoje é um dia muito especial para o Delfos. Com o curso do escritor João Gilberto Noll, damos início a um conjunto de eventos voltados para a escrita criativa. É uma honra receber um escritor tão significativo para a literatura brasileira contemporânea. Teremos três dias para muitos debates. A ideia é que seja uma longa conversa. Falaremos sobre muitos assuntos. Bom, vamos começar. Como pontapé inicial, gostaria de perguntar sobre a importância das tuas apresentações públicas e da leitura ritual.

João Gilberto Noll

(*olha para cima e faz longa pausa suspirando*) Bom dia a todos os alunos! (*segue-se uma longa pausa*) Para mim, ler publicamente me aproxima do sonho de ser cantor. Me lembro do impacto na primeira vez que ouvi *Ave Maria*... A de Schubert... Sabe, fui educado como um menino religioso. (*olha para cima*) A literatura é um ato litúrgico. Ela não é apenas reconstituição histórica, pois o que me move para a escrita é uma premência e uma agonia. (*longa pausa seguida de um tímido sorriso*) A literatura é sempre uma possibilidade de um gozo.

Professor

(*para de anotar as frases do escritor e segura o microfone novamente*) É legal pensar que essa questão do som e sentido também está presente inclusive nos formalistas russos... Eles cunham a expressão "invólucro sonoro da palavra". (*coça a cabeça*) Só não me lembro em qual texto exatamente. O Paul Zumthor também tem um livro muito interessante... Acho que é *Literatura e performance*... Queria te perguntar agora sobre processo de criação. Noll, como tu organiza o teu processo de criação? Tu sabe bem como será o final e o nó narrativo?

João Gilberto Noll

(*olha para o professor lentamente com voz suave e com comoção*) Eu sou um autor da linguagem. Quando sento na frente do computador não sei o que vai dar. Tenho dito que sou um escritor pulsional. Sabe... Não há controle sobre a criação. (*põe a mão na cabeça e faz longa pausa*) Não tenho a menor ideia da próxima linha. Para mim o mistério da literatura é o culto da indeterminação. A função do escritor é fazer uma elegia do difuso e do indeterminado.

Professor

(*anota as frases do escritor no seu caderno e retoma o microfone*) É interessante que essa antiestruturalidade acaba destruindo uma das máximas da modernidade: a função faz a forma. Pensar a literatura como pulsão é também pensar a literatura como exorcismo e como catarse. Seria uma certa força que não pode ser dominada por uma artesania narrativa, que não tem determinados moldes já estabelecidos. Assim se abre espaço para uma criação mais intuitiva, anticartesiana e antilogocêntrica. (*com entusiasmo*) Noll, tu concorda com o Barthes quando ele fala num método desejante?

João Gilberto Noll

(*amável, mas firme*) A escrita tem que ser um exercício desejante. Porque tudo conspira para que essa chama se apague. Sou a favor de uma narrativa de cunho poético. (*longuíssima pausa*) Eu não sou um romancista. Eu não sou narrador do grande romance. Não tenho paciência para o grande romance. Me interessa a literatura da voz. (*voz baixa e levemente trêmula*) Tenho apreço pela musicalidade. Não intelectualizo o que vou escrever. Em certos momentos troco de palavra porque preciso de uma palavra de duas sílabas. (*longa pausa*) Busco frases longas e serpenteantes. Um limiar entre prosa e poesia.

Professor

(*descontraído e empolgando-se*) É muito legal pensar essa tua afirmação. Porque tu relativiza o próprio estatuto do romance burguês. Aquele que tem uma grande história para contar. Sempre penso sobre isso. Até no meu grupo de pesquisa já falei sobre a importância da prosa poética. Sou um defensor da literatura que alguns chamam de derramada. O pessoal do GELBC – Grupo de Estudos em Literatura Brasileira Contemporânea – está cansado de me ouvir falar isso. A gente pode ser político e transformador também fora do realismo. (*pausa*) Queria saber de ti como tu pensa a linguagem literária. (*enfatizando*) Como tu definiria a tua linguagem? Sempre penso no Gullar que fala na linguagem como espanto. E os formalistas que falavam em estranhamento.

João Gilberto Noll

(*examinando longamente o público à frente*) Me encanta a sensibilidade da linguagem. (*como se falasse consigo mesmo*) Ela é uma forma de chegar ao outro. (*reflexivo*) Nisso existe um tesão! (*enorme pausa*) O melhor de estar vivo é a linguagem. (*leve sorriso, olhar vago*) Para falar de um elefante eu não preciso ir até a África e buscar um elefante. (*pausa*) Eu sou um animal literário. (*coloca as duas mãos na cabeça*) Eu seria como um jazzista que improvisa. Eu vou para o teclado como se fosse para o piano. As coisas pulsionais se projetam... Como pintores abstratos que jogam tintas nas telas. Depois tento lapidar num segundo momento. A literatura salva o sujeito. (*melancólico e sombrio*) Se não fosse a literatura, eu seria uma lápide.

PARTE II

Os temas de João

Uma sala com sessenta cadeiras vermelhas. Ao fundo do salão, uma mesa com dois microfones, dois copos, um jarro com água, uma garrafa térmica. Em torno de quarenta pessoas, o público da palestra é composto por alunos da graduação e pós-graduação. Ao lado esquerdo da mesa, um telão no qual é projetado o cartaz do curso de João Gilberto Noll. A claridade que entra pelas janelas é resultado de um dia ensolarado.

Professor

(*entusiasmado*) Boa tarde a todos. Ontem foi um dia mágico e epifânico. O Noll trouxe muitas reflexões que ainda devem estar ressoando nas nossas cabeças. Hoje continuaremos a nossa conversa. (*mudança no tom de voz, agora mais concentrado*) Para começar, queria saber sobre os temas dos teus romances. Fica uma sensação de que se trata sempre do mesmo protagonista. Perdido nas suas angústias, taras e imperfeições. Seria isso?

João Gilberto Noll

(*arruma os óculos e o boné*) Sim. (*enorme pausa*) O narrador-personagem não foi um projeto. (*suspira longamente*) Mas o protagonista é sempre o mesmo. (*com intensa comoção, lenta, voz aumentando gradativamente*) É como se habitasse em mim um ser. (*tensão crescente*) Eu não quero perder ele!!! De forma alguma! (*pausa*) Eu tenho um mundo dentro de mim muito desenvolvido. A sede é sempre a mesma! (*tom angustiado*) Eu não me considero um autor autobiográfico.

Professor

(*toma um longo gole d'água*) Essa tua última afirmação é muito interessante. Hoje temos muitos escritores que buscam na autoficção uma estética confessional. (*pausa*) Mas tu não fica preso ao biográfico. Talvez tua preocupação seja a fala dessa voz que habita tua interioridade. Por isso o nome do personagem é sempre João? Por isso sempre a mesma cidade? (*tom cordial*) Seria uma cartografia lírica do desamparo e da solidão?

João Gilberto Noll

(*como quem fala consigo mesmo*) (*brando*) Quero as conversas das esquinas. (*enorme pausa*) A literatura é uma forma desgovernada de enunciar o mundo. (*pausa igualmente longa*) Me criei lendo portas dos banheiros públicos. Eu sou leitor de Padre Vieira, mas, quando vou urinar, a porta do banheiro também me influencia. (*categórico, mas suave*) Eu bebo muito das ruas. Porto Alegre tem sido uma cidade-mito. (*pausa*) A caminhada pelas ruas é doentia e doação. Eu sou um escritor das ruas... Não dos interiores.

Professor

(*olhando demoradamente para o escritor*) Essa tua colocação é fundamental para entender o papel da prosa urbana no teu projeto literário. E talvez isso explique por que muitas vezes ignoram a tua obra em disciplinas de literatura sul-rio-grandense. (*sorrindo sarcasticamente*) A tua literatura não cheira a cavalo. Quem espera aquela figura do gaúcho acaba se dando mal. Tive um professor, que não posso falar o nome porque é bem conhecido, que falava que a tua literatura era afetada. (*levantando a voz*) Adjetivo calhorda. O Caio sofria o mesmo problema. (*com ironia*) Sim, para mim é afetada. Afeta nossa existencialidade e nossa identidade. Afeta nossa forma de ver o humano. O demasiadamente humano. E sempre é na cidade, não é? Me lembro daquele texto do Borges que fala que no Alcorão não tinha camelo. É por aí?

João Gilberto Noll

(*esfrega as mãos*) (*pausa*) Não procuro descrever localisticamente... (*longuíssima pausa*) Me sinto tão estrangeiro quanto em qualquer outro lugar... (*pausa*) Sou maluco por cidades!

Professor

(*hesitante*) Noll, eu queria falar um pouco sobre o imaginário do abjeto. (*pausa*) Como tu vê essa questão do grotesco? (*com provocação*) Tu acha que a literatura deve mostrar um lado velado do humano? (*pausa*) (*muda o tom*) A tua literatura também é uma literatura do dejeto? Das secreções e excreções?

João Gilberto Noll

(*sôfrego*) Escatologia... Não consigo segurar. (*longa pausa*) A vida é feita de fatores excretores! (*esfregando as mãos*) Quero representar o ser humano como um todo... (*enorme pausa*) Urina, esperma, sangue... (*com embriaguez filosófica e reflexiva*) Não me interessam acontecimentos. Desejo a musicalidade de uma estética do grotesco. (*num suspiro*) Eu não poderia falar essas coisas no meio social... Tenho vergonha... (*num sopro de voz*) A literatura deve levantar o tapete. No meu entender, o ato de escrever deve dar nome às coisas... As coisas que são lançadas pelo corpo humano. (*lento e feroz*) Urina, esperma, fluxo menstrual... Uma relação espinhosa e demencial com o mundo. (*pausa*) Me interessa a beleza feroz... As coisas cruas. Devem ser celebradas liturgicamente... Uma estética feia. (*num brusco lamento*) Busco a fisicalidade do corpo... A celebração do corpo excretor.

Professor

(*fascinado*) Tu falando sobre essa natureza feia me lembra o clássico texto do Victor Hugo sobre a beleza e o grotesco. Me lembra também a frase do Breton. Ele fala no *Nadja* que a beleza será convulsiva, ou não será. (*pausa*) Não é preciso um cenário edificante para achar beleza. Também sempre vem na cabeça aquele documentário da Estamira. (*muda o tom, veemente*) Uma pensadora poderosa no meio dos dejetos do lixão. O Bauman, naquele livro *Vidas desperdiçadas*, também fala sobre os refugos humanos. A temática da solidão seria uma consequência natural dessa visão de prótese do humano? Por que tanta solidão na tua literatura?

João Gilberto Noll

(*dolorosamente*) Escrever é um trabalho solitário... (*pausa*) Sou um animal literário. Escolhi a solidão literária. (*num súbito desespero, unindo as mãos*) A solidão é o sentimento profundo da minha obra. (*longa pausa*)

O bálsamo para a solidão é o sexo. (*doce*) O tema central da minha obra é a necessidade de se fundir ao outro... Superar a solidão... Numa fusão cósmica... (*lamento profundo*) Se jogar nessa vertigem... (*pausa*) Uma especulação pelas calçadas... Uma solidão na multidão e nos passeios... Um sentimento de isolamento.

PARTE III

O canto de João

Uma sala com sessenta cadeiras vermelhas. Ao fundo do salão, uma mesa com dois microfones e dois copos. Em torno de vinte pessoas. Ao lado esquerdo da mesa, um telão no qual é projetado o cartaz do curso de João Gilberto Noll. Dia ensolarado.

Professor

(*cansado e com felicidade*) Boa tarde a todos! Chegamos ao nosso último momento. Hoje o Noll selecionou três trechos para ler aqui no curso. (*pausa*) Todo mundo sabe que a leitura de Noll não é só uma leitura. É um lamento. É uma espécie de canto gregoriano que nos leva para outra dimensão da palavra. (*maravilhado*) Esse é um daqueles momentos únicos em que sentimos o cimento respirar. O silêncio pulsa aqui no Delfos. (*triunfante*) Noll, por favor... Lê para a gente os trechos selecionados.

João Gilberto Noll

(*aproxima-se do microfone, rosto totalmente crispado*) (*voz monofônica e monódica*) (*segura o livro* Solidão continental *e procura a folha selecionada*) Um dia me pegaram cheirando o cu de um colega no banheiro do colégio. Até hoje não entendi de onde vinha o gozo especialíssimo naquele contato com as vísceras humanas. (*pausa*) Claro, fui duplamente estigmatizado: por gostar também de garoto e dos miasmas anais. O colega mudou de escola. Corri pelo recreio e bati a cabeça três vezes no muro. Vi que saía sangue da minha testa e pensei em tudo que pudesse me tirar daquela vergonha enquanto me aplaudiam por tirar sangue de mim. Escutei até um "olé". De vergonha em vergonha eu ia viver a minha vida. Escondido na província, dando aulas de português para os gringos que trabalhavam em duas multinacionais da região.

(*enorme pausa*) (*pega o livro* Acenos e afagos *e busca as páginas selecionadas*) (*o rosto está completamente crispado numa expressão de profunda sofreguidão*) Tanto nos esfregávamos brigando que nossos corpos ficavam aqui e ali bem rubros, unhados até. Em certos pontos do meu corpo apareciam profundos arranhões, um deles até tirava sangue. Parecíamos répteis serpenteando, deitados de lado, agora frente a frente. Onde o corpo de um recuava, o do outro avançava. De repente, aflito, trêmulo, o guri me trouxe o cu para perto da minha boca. O cu cheirava, um cheiro de intimidade abusiva, mas não havia como desdenhar essa intimidade, pois era justamente ali que eu viajava inebriado no mais secreto dele, sem nada pedir ou oferecer, sem nada pensar. Eu solenemente escondia dele o meu envolvimento com seu cu. Era justamente ali que a vontade de se misturar mais me tomava. Cheguei bem perto e lambi. Ele estremeceu. (...) Preferia estar ali, com o cu do menino na cara, a estar com minha fuça esterilizada pelos cadernos do dever diário.

(*toma um copo d'água*) (*pega o livro* A fúria do corpo *e procura a página selecionada*) (*voz continua monofônica*) O meu nome não. Vivo nas ruas de um tempo onde dar o nome é fornecer suspeita. A quem? Não me queira ingênuo: nome de ninguém não. Me chame como quiser, fui consagrado a João Evangelista, não que o meu nome seja João, absolutamente, não sei de quando nasci, nada, mas se quiser o meu nome busque na lembrança o que de mais instável lhe ocorrer.

(*enorme pausa*) (*busca outro trecho do livro* A fúria do corpo) (*olha para cima como se pedisse alguma ajuda*) (*fecha os olhos por longos segundos*) E como se fosse a última noite, avanço em direção ao menino que está de costas e de um bote puxo sua cueca e debaixo d'água meto meu caralho duro no cu do menino como se a matéria atraísse a matéria e jamais se colidissem porque meu caralho entrava como se tivesse sido feito para aquele cu e o menino urrava e da minha boca era expelida a saliva da consagração e eu mordia os cabelos do menino e arrancava com os dentes feixes do cabelo do menino e o menino urrava e eu blasfemava contra a Criação e o menino fechava os olhos sacudia a cabeça e urrava e seu cu era fundo e o meu caralho sempre avançava mais e eu montei no menino com os pés em volta de suas ancas e as ondas escuras batiam violentas arrebentavam na nossa foda e o sal nos salgava e nos ardia e eu trouxe a cabeça do menino pra trás e a minha língua tocou a sua garganta e a língua do menino alcançou o céu da minha boca e eu senti uma agulha penetrar pelo meu cérebro e o fulminar do nosso gozo único.

Professor

(*profundamente emocionado*) (*olhos marejados*) O que dizer agora? Só me resta agradecer ao Noll. Nesses três dias o tempo parou aqui no Delfos. Entramos numa outra dimensão da realidade. Noll, esta sempre será a tua casa. E te esperamos em breve. (*comovido*) Muito obrigado. (*inicia-se uma forte salva de palmas*)

EPÍLOGO

Professor

(*sozinho na mesa*) (*agora se dirige à plateia*) (*as cadeiras estão vazias*) (*em tom explicativo*) Esse ensaio-dramático nasce da vontade de uma constante fusão entre escrita criativa e teoria literária. Também nasce do desejo de inovar nossa cena universitária. (*pausa*) Acredito que todo conceito é uma territorialidade, como afirmou Deleuze. (*com confiança*) E é chegado o tempo de viver a desterritorialidade disciplinar e os contrabandos epistêmicos. (*pausa*) Gostaria de ressaltar que todas as falas do Noll são retiradas do meu caderno de anotações. Elas foram minuciosamente registradas durante o curso do Noll no Delfos. As falas são *ipsis litteris*. (*pausa*) Foram muitos encontros com o Noll. (*com emoção*) Ficamos amigos. A sua morte é irreparável. Deixa um vazio. Precisamos celebrar a vida ao longo da vida. A vida é um dom. (*suspiro*) Certa vez, tarde da noite, num bar da cidade baixa, Noll pegou no meu braço e disse "Cara, como é bom estar vivo". (*com voz lenta e melancólica*) Pois é, Noll... (*pausa*) Esse ensaio-diálogo foi uma singela forma de viver mais um pouco contigo. Obrigado por tudo.

Fim

O ILUMINISTA DAS SOMBRAS

Pedro Maciel entrevista João Gilberto Noll*

João Gilberto, a música é a arte que mais te inspira a escrever?
Sem dúvida. Eu só escrevo praticamente com música. Evidentemente que com música instrumental, sobretudo com música clássica, porque se eu for colocar música com letras e palavras eu iria me dispersar.

Você escreve escutando os clássicos, como Bach?
Essa é minha preferência total e absoluta. Ouço muito Bach, porque tem um aspecto litúrgico muito forte e eu prezo muito isso na música. Se bem que eu seja absolutamente ateu. Uma liturgia pagã, uma liturgia que te faz mediador entre essa repetição do cotidiano talvez. Alguma coisa que te possa levar para uma certa elevação, para uma certa antenação. Talvez coisas que a gente não esteja muito acostumada a olfatar, a farejar. A música talvez seja a arte que eu mais admire porque ela te ajuda a descentralizar do mundo real. Não é alguma coisa que te traz para um eixo muito preciso, muito demarcado. É uma expressão artística que convida à viagem, à peregrinação por coisas que você talvez não soubesse que existiam, que estavam aí.

----
* Entrevista realizada no Instituto Moreira Salles, na Avenida Afonso Pena, em Belo Horizonte, Minas Gerais, em 1999.

O ritmo é naturalmente o núcleo da poesia.
O que me faz escrever é o ritmo, muito mais do que o tema. Geralmente eu estou muito turvo diante das possibilidades temáticas, do que se pode fazer. Não sei muito bem o que seria minha direção temática. Ela se dá *a posteriori*, depois é que eu vou ver. Mas o que me puxa realmente é uma questão de respiração, muito mais orgânica do que intelectual e, muitas vezes, muito histérica. Eu sou absolutamente histérico no sentido de que eu exacerbo na escrita coisas que têm muito mais a ver com ritmo, com movimento musical. Eu gosto de escrever em *allegro*, em *adagio*. Isso para mim está em primeiro lugar. Depois é que eu vou ver quais são os temas que vão aderir a esse fluxo.

Você quer dizer que o sentimento, a comunicação que as palavras transmitem é mais importante do que a criação do jogo de palavras?
Eu acho que sim, porque eu não consigo ver a arte como essencialmente um jogo, como você disse. Isso seria de um formalismo atroz e eu acho que a arte, a literatura, vêm sobretudo do drama humano, da paixão humana, dessa incógnita humana. É claro que numa camada qualquer também tem um aspecto lúdico, porque você não vai apresentar esse drama em estado imediato. Você vai mediar pela palavra, e a palavra tem esse aspecto lúdico, inegavelmente.

O que te faz escrever é a vergonha?
O sentimento motriz é a vergonha. É tocar em coisas que eu, como cidadão, não tocaria jamais. Eu sou uma pessoa absolutamente introvertida, não gosto de chocar. A literatura para mim é um trauma, um choque, ou não é.

É uma ideia existencialista.

Ah, sem dúvida. É uma questão de geração minha, é um abcesso. O Nelson Rodrigues gostava de dizer que o teatro dele era um abcesso, e eu me identifico muito com isso. É um momento em que você vai espetar esse abcesso com uma agulha, tocar, deixar expulsar aquilo que está ali, latejante. É uma inflamação. Escrever é uma inflamação.

Você escreveu recentemente que a literatura é um lugar "do não-saber, da fúria, do debater-se em vão, em vão se arremessar em mais esta manhã". O escritor é aquele que sobrevoa o inimaginável?

Esse paralelo está muito bom. A manhã é a possibilidade de você sobrevoar, de não chafurdar nesse pântano, que é a base do abismo. Aí eu sou extremamente (eu não queria ser, mas redunda nisso) cristão. A psicanálise também tem a sua raiz judaica, bíblica, queira ou não queira. Sem você realmente se banhar deste desconforto enorme que é... eu nem sei dizer o que é. A sobra, as forças expletivas. Se você não mexer nisso... quem há de mexer, se não for o escritor, o artista ou aquele que tenta exercer a função poética? Se não for ele a mostrar para o leitor? Às vezes o escritor é aquele que pega o leitor pelo cangote, como se faz com cachorro, e põe o focinho do leitor ali na merda, isso que o ser humano não quer ver.

Você passa uma ideia de que estar vivo é desconfortável. É na literatura que você se salva? Os personagens são os seus melhores interlocutores?

O leitor é a razão de ser da minha vida. Se existe uma religião em mim é a religião do leitor. Claro que é uma coisa absolutamente vaga, uma entidade, eu não tenho pensamento em nenhum leitor específico. Nada disso. Isso é psicologismo bobo, atender as demandas de tal pessoa, fulano ou beltrano. Mas existe uma função libidinal na literatura inegável para mim. Eu costumo invocar o Walt Whitman nesse sentido. Ele queria que o leitor tocasse no tecido do canto dele, da paixão. Acho que é por aí. Mesmo tocando nesse desconforto, nesse mal-estar da existência, o que você vai dar realmente para o leitor é uma tentativa de grito, de procura desesperada por uma beleza, uma beleza cruel, uma beleza feia, uma beleza cafajeste. Aliás, eu só acredito nessa beleza porque a beleza está muito desacreditada.

O artista ilude em nome da beleza.
A beleza pode ser bastante produtiva, e não cadavérica, helênica. Eu clamo por uma beleza viva. Evidentemente que não é uma beleza de valores já caducos.

Todo mundo tem algo de belo a ser mostrado.
Eu acho que sim. É importante você espernear para que essa beleza não seja sufocada. Porque hoje todo mundo está ligado em números. Você é um número de cartão de crédito.

A sua escrita nasce da fala, da oralidade.
A substância que eu pego para escrever é a fala. O que não é nenhuma novidade, os primeiros modernistas já clamavam pela oralidade. Eu acho que, se há uma contribuição realmente fundamental dos modernistas brasileiros, é a de dar vazão à oralidade. E acho que a gente tem que radicalizar. Evidentemente que não num trabalho naturalista, de querer apenas fotografar a fala. Literatura, arte, para mim, ou é reinvenção, ou não é.

Você é conhecido como um escritor que não usa os recursos tradicionais da narrativa, como o realismo, a verossimilhança e a psicologia. É um escritor autônomo, regido por leis próprias. Quais são essas leis?

Se eu sou realmente isso que você disse... Eu cada vez vejo mais a literatura e o romance na sua teatralidade. Literatura como evento, não apenas como espelho das questões sociais mais imediatas, mas que ela traga o leitor para um horizonte ritualístico, um horizonte litúrgico. Que ele realmente sinta sua pulsação naquele momento, que ele presentifique a sua questão humana. Aquilo que ele traz dentro de si como porção humana, que ele presentifique ao máximo. É como se ele fosse lá no palco e participasse junto com o ator, cada vez se integrasse mais pela voz do ator. Não é à toa que meus últimos livros tratam de atores, de protagonistas ligados ao teatro. Porque eu ando muito preocupado com essa questão da liturgia, do ritual. O romance não apenas como análise de decadências, da burguesia, aquele projeto do Thomas Mann, europeu. Que não seja apenas isso, mas que seja também um lugar onde você se exercite, exercite sua vocação para alguma coisa que rasgue esse horizonte tão automático, tão maquinal, tão mecânico que nos é imposto. Eu acho que o romance e a literatura realmente devem se engajar nesse princípio, não naqueles princípios, tão já questionados por minha geração, lá nos anos 1960, de que a literatura vai mudar a ordem social ou política.

Qual é o seu romance mais revolucionário em termos de forma?

Eu diria automaticamente qual é o mais clássico, que é o *Hotel Atlântico*. Eu estava num momento muito revoltado contra uma certa estilização excessiva do nosso legado ibérico, tanto o português como o espanhol, em que realmente a prosa é muito ornada, o ornato é muito importante, o enfeite da linguagem. Então eu quis fazer uma coisa bem despojada, que realmente não atordoasse. Mas logo voltei para um certo atordoamento, já mais como um domador muitas vezes, talvez.

O que é a literatura moderna e o que é contemporâneo?

A literatura moderna a meu ver é aquilo que foge desse espírito de telecine que impera tanto hoje. Todo mundo quer fazer o seu policialzinho bem descolado, tudo confluindo para o final "x". Os autores escrevem já sabendo do roteiro todo, enquanto eu acho que o ato da escrita é um ato de aventura, é não saber onde vai chegar, é a procura da luz, não é já estar com a luz de antemão. A literatura hoje tem sido muito um entretenimento, e nesse sentido eu sou um dinossauro. Para mim, literatura não é entretenimento.

Essa tendência surgiu com a literatura chamada pós-moderna. Essa fase policialesca marca o início do declínio da literatura moderna. Logo viria a literatura pós-moderna, caricatura de uma época perversa e kitsch.

Isso é o braço estético que nós chamamos repetidamente de neoliberalismo. Não se vai fazer a edição de um livro para não se ganhar dinheiro, pelo menos um bom retorno e mais algum lucro.

Afinal, o que é a literatura contemporânea?

Eu acho que o contemporâneo é o movimento artístico, cultural, político que de alguma forma assume a ambivalência, a indeterminação, porque nós vivemos num mundo que é pré-determinado, você já nasce com seu numerozinho. A ambiguidade é muito mal vista nessa receita de que nós falávamos. A gente não pode se arriscar a não vender o livro.

Aí é o jogo do mercado.

Ao mercado não interessa essa indeterminação, essa sondagem de coisas que você não conhece de antemão, que você vai escrever justamente para exercitar, para tentar

Na literatura contemporânea não há um estilo único, já que vivemos num período pluralista.

Exatamente. São papos correlatos que nós estamos tendo. É um momento de falta de certezas em que não cabem absolutismos, se bem que seja um momento absurdamente absolutista. A gente sabe disso. É uma verdade única. Se você não for pragmático hoje, você é um louco, doido.

E a verdade é relativa e infinita.

Desde que você deixe a minha liberdade em paz. Eu gostaria que esse valor fosse universal.

O estilo é uma maneira de pensar?

O estilo é fundamental na literatura. Até na falta dele. Eu acho que um dos problemas hoje é que o estilo virou pecado, virou perfumaria dentro daquela receita de que a gente estava falando. Virou alguma coisa supérflua, e não é supérflua. Mas uma das funções fundamentais da literatura é justamente não deixar que se apague essa coisa que se chama indivíduo. Porque esse bicho aí pode estar realmente com seus dias contados. Eu acho que a literatura pode ainda cutucar esse animal, que é único. Eu acredito que, se você escavar essa diferença, vai encontrar algo que é comum e que foi esquecido. Eu não estou atrás da diferença, do estilo, apenas para folclorizar a diferença e o estilo, mas porque eu tenho absoluta fé de que nesse apogeu do indivíduo, da diferença, está a marca de um valor antropológico incomensurável. A dialética entre o único e o universal, entre o singular e o coletivo dá muito pano pra manga para qualquer ficcionista. E qual é a trajetória do ficcionista se não essa de seguir os passos de uma destinação singular para mostrar o humano?

Nós vivemos uma época de redescobrimento do individualismo?
O ressecamento da generosidade das pessoas é gritante. Sem nos vitimizarmos por isso. O negócio é tentar inventar as reações. Mas é gritante, está todo mundo cagando um para o outro cada vez mais. Evidentemente, isso que eu estou tentando dizer sobre o estilo, o indivíduo, a marca da singularidade, não é apologia do egocentrismo.

O ideal seria pensar individualmente para se descobrir o coletivo.
Eu acho que sim.

Cada um ter opinião própria e a partir daí conjugar com o outro, entender o outro.
A literatura é importante porque é um veio em que esse exercício do mesmo e do outro se faz. Realmente a literatura, a prosa narrativa, não é uma abstração, não é uma ideologia sobre a questão humana. Isso não é literatura. Pode ser algo muito eficaz para o cientista social, o político, um ideólogo no bom e no mau sentido. Mas o escritor não vai escrever para referendar a ideologia. O escritor é um sujeito que está à procura. Às vezes, soçobrando no pântano das coisas, ele não consegue seguir. É importante que o romancista assuma muitas vezes o aborto da arte, por isso mesmo. Às vezes ele não sabe como prosseguir. Tantas vezes ele não sabe como prosseguir. Quantas vezes a vida suspende. Eu acho que o romancista tem de ter essa humildade (da palavra "humildade" eu não gosto, vamos dizer "modéstia") de deixar as coisas inacabadas, incompletas. Isso eu acho muito contemporâneo também. Essa aceitação de uma certa incompletude.

O Flaubert diz que a imbecilidade consiste em querer concluir.

Essa consciência em um camarada que queria realmente a coisa marmórea, a coisa perfeita. Parece contraditório ter dito isso também. Acho que é muito contemporâneo. O estilo nasce de uma deficiência, não é uma perícia sempre. Às vezes você se sente sufocado com os modos sintáticos impostos. É preciso realmente mostrar a sua respiração dentro de um contexto que tenta travar essa respiração.

Falemos da morte, que é um tema muito perseguido por seus personagens. A morte não tem nenhuma importância, desde que haja alguma coisa do outro lado.

Eu tive uma formação católica na minha infância, até a adolescência. Mas depois... Eu gostaria de trabalhar com essa hipótese de que haja a existência *post mortem*, mas não é isso que meu coração por enquanto ecoa. Eu acho que realmente a vida às vezes é demasiada... Isso Freud já disse também, não há nenhuma novidade. Você sente uma atração pelas formas mais primárias, elementares de vida, você é simplesmente mais um elemento planetário, fósforo, cálcio em decomposição dos seus ossos, e não quer muito mais do que isso. Mas, ao mesmo tempo, tudo é um debater-se constante. É por isso que a gente escreve, por isso que a gente se cala, que a gente quer amor. Porque a gente não vê nada muito conclusivo do outro lado.

O homem luta sempre contra o rumor do esquecimento, as cicatrizes do tempo e a hora da morte.

É uma força muito grande. A força que te leva a querer permanecer é muito grande. Os momentos mais sublimes da vida são aqueles em que você se entrega a um certo esquecimento, que é o amor. É um esquecimento de você mesmo.

E o sexo? Como falar do amor nestes tempos de Aids?
A questão amorosa é vista hoje pelos bem-pensantes como reacionária, demasiadamente abstrata, sublime. Eu não vejo o amor com essa sublimidade, como essa coisa muito abstrata, não. Eu vejo como o reconhecimento de você mesmo na força cósmica, na força material, o apogeu da materialidade. Evidentemente que sempre buscando uma certa transcendência. É dicotomia. Eu não sei realmente de onde vem essa minha tendência para as contradições.

No amor você doa ao outro as suas melhores ideias?
Eu acho que sim. As melhores ideias e a fusão, que é uma questão muito importante. É o núcleo da tragédia. A tragédia existe porque essa fusão se quebrou. Eu sou muito interessado em personagens trágicos, que não conseguem mais viver essa fusão, que foram desmembrados. Meus personagens, como diz o crítico David Treece no prefácio dos meus trabalhos reunidos, são desqualificados para o mercado, sem teto, sem nome, sem identidade, que de alguma forma perderam a aliança com a comunidade. Para mim, essa questão é trágica. Eu sou um autor trágico e faço questão de afirmar isso, categoricamente. Eu esperneio contra a irreversibilidade de algumas questões humanas.

O autor não consegue revelar a fragilidade humana na tragédia. Só a comédia é capaz de desvendar essa fragilidade.
É, é isso aí. Mas eu sou espalhafatoso mesmo.

Você quer dizer que a sua literatura é incompatível com a realidade que nos cerca?
Agora, neste momento da minha vida, eu estou me reconciliando com isso. Eu estou preocupado com esse cara aí, esquizoide. Eu gosto da visão esquizoide. Não é que eu goste:

é a visão que me impulsiona para escrever, essa discordância com o real.

A função da arte é eleger o indefinido, o indeterminado, o inconcluso? A literatura deve ressaltar o assombro, o estranho, o imprevisível?

O romancista tem que entrar em questões não catalogadas. A gente tem que ir atrás do incatalogável. Se não, qual é o sentido de você ficar referendando na ficção ideologias prontas? Eu também tenho uma certa tradição ligada ao Iluminismo. Não me coloque no caminho, no antro da loucura, da perdição, do ostracismo, do desvio das luzes. Mas o escritor não fica só corroborando o que o mundo acadêmico já esgotou. O trabalho deve ser autônomo, independente. Muitas vezes a atividade mental acadêmica embalsama as coisas e quer que o escritor seja servil a esse esquema. Não é que o autor deva ser um extraviado das luzes. Eu também quero compreender a minha época, o mundo que me foi dado viver. O escritor também faz um exercício de compreensão do mundo. Mas existem maneiras e maneiras, várias, múltiplas maneiras de você compreender essa sua época, esse seu presente drummondiano. O autor pode ser muito mais útil, muito mais eficaz num trabalho de convulsão, de trazer as forças da animalidade, do que ficar apenas ilustrando ficcionalmente a realidade e os preceitos acadêmicos iluministas. Mas, fora da razão, da compreensão, da análise, também eu acho que não se faz muita coisa, não.

Pode-se dizer que os seus romances se desenvolvem a partir de uma narrativa cinematográfica?

Cinematográfica sim, de uma certa maneira. Mas não esse cinema que está por aí nos *shopping centers*.

Fellini e Pasolini são seus mestres prediletos?

O cinema poético do Pasolini é cada vez mais claro para mim. É uma das saídas para essa narrativa macarrônica que se faz hoje, essa coisa telecinemática o tempo todo. Eu acho que a ficção hoje está muito bronca, sem estilo, um estilo depauperado, se é que existe estilo. A gente tem que espernear.

Falemos do tempo e da loucura. Há certos personagens em seus romances que buscam estrelas no mapa zodíaco, fora do tempo, como num jogo de lunático.

A literatura tem que mexer também com as utopias, com a utopia de evasão. Eu acho que a gente deve, enquanto romancista, lutar pela participação da maior parte das pessoas na vida, e lutar pela conservação dessa vida em qualquer instância que você possa imaginar. Que o sufoco é grande, a opressão do real é grande, esse real que nos metem pela goela abaixo é grande. Muitas vezes eu faço esse momento litúrgico, em que os personagens se evadem um tanto ou quanto da realidade para vivenciar esse brinquedo cósmico. E qual é o problema? A literatura não está aí apenas para reproduzir situações problemáticas do ser humano, mas para brincar um pouco também. Por que só o poeta pode brincar? Eu sou absolutamente favorável a uma literatura híbrida, que mexa na fronteira entre a poesia e a prosa, entre a poesia e a narrativa. Não digo "prosa poética", porque eu acho a expressão um pouco balofa.

Na ficção, o escritor pode falar de momentos inesquecíveis, mesmo quando todos que viveram esses momentos já os esqueceram.

Claro. Eu acho que a literatura tem como função também falar do não nomeado, daquilo que é colocado debaixo do tapete para que ninguém veja, porque é ocioso.

O passado não está morto. Às vezes ele nem sequer passou. Os gregos diziam que a memória é a condição do pensamento humano.

Isso é ao mesmo tempo muito benjaminiano. Walter Benjamin dizia que o passado pode ser recuperado, pode ser reinventado, e que você tem que presentificar essas potencialidades esquecidas do passado. Evidente que você está mexendo na ordem do ficcional, na ordem do poético. A recuperação desse passado vivido doidivanamente, que você se impregnasse dele. Eu acho que você pode revivenciar o passado. É muito importante você presentificar. A literatura como presentificação. Quem fez isso magistralmente no Brasil foi Clarice Lispector. É chamar o leitor para o próprio processo da construção romanesca, de perceber como realmente é difícil a expressão, de perguntar como mostrar isso, abrir as vísceras da expressão, desmistificar essa história de que a beleza literária é pronta e acabada. Ela se faz com o leitor, para o leitor. A gente tem que chamar o leitor para a coprodução do texto.

A eternidade está no presente?

Não tem outra possibilidade para mim se não esta. Acho que é uma boa síntese. Eu escrevo também por isso, não apenas para reconsiderar um mundo que acabou, que é o projeto dos anos 1930. Eu não sou um romancista dos anos 1930, que produziram mestres incontestáveis, como Graciliano Ramos. Eu cito Graciliano porque foi um dos caras que mais transcendeu, que mais ultrapassou uma certa estética do romance de 30, um tanto ou quanto positivista. Hoje começa a se esboroar um pouco esse projeto do romance de 30. Eu não sou contra o romance de 30 em si, eu sou contra essa hegemonia que persiste, que é a do romance social. Eu não clamo por um romance que fale do sexo dos anjos. Eu quero o real, sim, mas quero a possibilidade de o romance fazer o leitor viajar.

Não dá para fugir do tempo de ir e vir.

Não dá. Quem quer ultrapassar o ir e vir é esse capitalismo escorchante, que quer usar a tecnologia para tudo ficar mais abreviado, instantâneo. Eu não sou adepto desse mundo. Eu acho que você pode dar margem para uma certa celebração, deixar um pouco o fluxo narrativo, para poetizar a cadência das coisas.

Falemos um pouco sobre o livro Canoas e marolas, *que aborda a preguiça, dentro da Coleção Plenos Pecados. A preguiça nos deixa reconquistar o paraíso?*

Os meus personagens todos são muito contemplativos, muito oprimidos pelas injunções da produção, do ativismo da produção. Aliás, o meu protagonista do livro da preguiça é um personagem que se mineraliza.

A preguiça é mais um pecado capital, algo que é visto como inútil dentro da sociedade.

A preguiça é vista como inútil por desenvolver apenas um sentido lúdico, que é esse momento que as pessoas vivem e esquecem, porque se perdem, se apagam nessa injunção da utilidade, nessa injunção da burocracia existencial. Não vejo por que isso só possa ser feito pelo poeta, viver esses momentos que tocam numa certa tendência, numa certa pele do que é chamado irreal.

O ócio é o negócio do artista?

Ah, sim. Sem ele não sai uma linha.

4

INTERLÚDIO

A obra de João Gilberto Noll sempre esteve presente em minha vida: vida de leitor, de pesquisador, de amante da literatura. Por uma série de circunstâncias, essa presença – intensa, estimulante – tornou possível, desde 1999, ou seja, ao longo de quase vinte anos, vários encontros com o autor. Em geral, esses encontros ocorreram em eventos literários, para os quais minha paixão pela obra – paixão que envolve ao mesmo tempo proximidade e distanciamento, sintonia de inquietações intelectuais e exercício de interpelação crítica – me credenciou como mediador e debatedor convidado em sessões com o próprio Noll. Foi assim na sessão intitulada "Assombros do amor", na Bienal do Livro de Minas Gerais, em 2010; no 7º Salão do Livro de Belo Horizonte, em 2006; e em duas edições do Fórum das Letras de Ouro Preto: a de 2008 (sessão "Os mistérios não gostam de ser nomeados") e a de 2012 (sessão intitulada "Solidão continental").

Mas os encontros também se deram como prolongamentos, em nível pessoal, dessas conversas públicas, seja no âmbito dos próprios eventos – em mesas de cafés e de restaurantes, em caminhadas, táxis, caronas ou outras formas de deslocamento conjunto –, seja no contato mantido à distância, o qual incluía a troca de livros, o compartilhamento de referências, a comunhão de ideias, entusiasmos e perplexidades.

Além disso, os encontros aconteceram literalmente *dentro* de publicações: nos ensaios críticos por mim publicados a respeito de sua obra (e a ele enviados, e por ele comentados); e, de modo duplamente especial para mim, no texto "Os aprendizes da noite", prefácio que Noll escreveu para meu livro *Chuva de letras*, publicado em 2008, e no texto de apresentação que escrevi, a seu convite, para a segunda edição do livro *Mínimos, múltiplos, comuns*, lançada em 2015.

O presente livro é, em larga medida, um registro desses muitos encontros – ou desse encontro único, singular, e seus diversos desdobramentos. Não se trata, porém, de um registro meramente factual, da recuperação dos pontos de tangência entre duas trajetórias: aquela da obra, do autor como figura pública e da pessoa João Gilberto Noll; e a minha trajetória de leitor, de pesquisador, de escritor e, sobretudo, do leitor-pesquisador-escritor que produz textos a partir da obra, da figura pública e do amigo Noll. Trata-se de registrar algo mais amplo, um projeto que, inspirado no caráter pulsional e desconcertante da obra-e-figura-Noll, busca incorporar, em sua concepção e em sua execução, pelo menos uma parcela da radicalidade e da força transgressora que tal caráter concentra.

Canção de amor para João Gilberto Noll – o projeto surgiu assim, inicialmente como apenas um título. Em setembro de 2017, aceitei o convite para homenagear o Noll em um seminário de pesquisa organizado junto ao Programa de Pós-Graduação em Estudos Literários da UFMG. Aceitei de imediato, por impulso. O convite pareceu-me irrecusável, pois mobilizava um campo emocional intenso, tendo em vista que o Noll havia falecido poucos meses antes, em março daquele mesmo ano. Mas também me pareceu irrecusável porque a pesquisa que eu vinha desenvolvendo com o apoio do CNPq e da Fapemig, intitulada *Espaços da obra, ficções do espaço*, previa livros do Noll como parte do *corpus* literário e a investigação da própria noção de obra e dos muitos fatores – de natureza sensorial e/ou inteligível, relativos às condições de apresentação e/ou aos sistemas de autoria – que definem a unidade de tal noção.

Aceitar o convite exigiria, contudo, tratá-lo como desafio, já que, para a complexidade e a pujança da obra-e-figura--Noll, não faria sentido realizar uma homenagem protocolar, um tributo burocrático. Um desafio porque, para minimamente fazer jus à experiência de arrebatamento propiciada pela obra (e figura), eu teria que me dispor a transgredir a sensação de familiaridade com ela, a rever o próprio modo como até então eu havia me posicionado como seu leitor (e escritor) crítico.

Para lidar com o desafio, o que eu tinha, assim, além do lastro de minha pesquisa em andamento, era o desejo de produzir algo que transpusesse o limite de um trabalho convencionalmente acadêmico, ou melhor, que colocasse em debate essa convenção. Para tanto, seria necessário ensaiar um novo gênero. Para tanto, seria preciso produzir não um artigo, um perfil biobibliográfico ou um depoimento, mas tentar compor uma "Canção", algo capaz de atuar não apenas pela via reflexiva e argumentativa explícita, mas também pela via dos afetos, da sensorialidade, da vibração emotiva – uma trilha investigativa em que o campo intelectual se abre, se conjuga explicitamente às pulsações vitais que o configuram, mas que o ultrapassam. Para tanto, eu teria que me lançar na concepção e na apresentação de uma "Canção de amor".

Estávamos no início da primavera, mas em um Brasil que vivia (e ainda vive) um momento político preocupante, desde que, em 2016, movimentações nas esferas parlamentar e jurídica, com o massivo suporte da grande mídia e a polarização da opinião pública, romperam pilares da nossa já frágil base democrática e ampliaram o espaço de ação de forças ultraconservadoras. Mas esta parecia uma senha para que eu persistisse na concretização do trabalho: a chegada da primavera em tempos sombrios e cheios de ódio e cisões, com retrocessos em vários setores da vida institucional brasileira, era um chamado para que todos nós, em especial nós da classe intelectual, científica e artística, nos posicionássemos publicamente. Muitos dos valores que defendemos estavam (e ainda estão) ameaçados, e era essencial (e continua sendo) declarar abertamente nosso repúdio à brutalidade e ao autoritarismo que marcam boa parte da história política brasileira, bem como declarar nosso amor ao amor em suas múltiplas formas: à literatura, à arte, à ciência, a todos os modos de conhecimento, à liberdade, às pessoas, à vida – a tudo o que há de mais fortemente valioso.

O ato de conceber a investigação crítica como declaração – ou Canção – de amor ganhava, dessa maneira, nítida conotação política, tanto em termos das peculiaridades atuais do nosso contexto sócio-histórico, quanto no que diz respeito à própria circunscrição do trabalho de pesquisa – a crítica indagando sua abrangência e seus limites, sua textualidade e o que vai além do texto, sua tendência a repetir fórmulas, endossar métodos, e sua capacidade de ousar, de experimentar caminhos inusuais.

Na busca de tais caminhos, o projeto desenvolveu-se mediante a preparação de uma série de materiais que serviriam de base para a apresentação pública – ou récita –, a qual incluiria alguns elementos performáticos. A elaboração dessa série exigiu o levantamento, em toda a obra do Noll, bem como em entrevistas e textos dispersos, de passagens em que ganham destaque questões concernentes à música e ao amor. A música foi tratada como elemento fundamental, caro à textualidade literária: música em sentido estrito de forma musical, mas também em sentido lato de experiência sensorial pautada por possibilidades rítmicas e melódicas, por modulações sonoras de várias naturezas. O amor foi compreendido não apenas como tema, em suas diversas formas de manifestação e em seus desdobramentos, mas também como uma espécie de pacto singular estabelecido na relação do escritor com a escrita, e de ambos com o leitor (incluído aí, é claro, o leitor crítico).

A elaboração da série demandou também que eu registrasse algumas das histórias do meu contato com o Noll. Produzi depoimentos bastante fidedignos, embora sem pretensão de objetividade jornalística ou biográfica, ou seja, sem deixar de fazer uso de recursos narrativos de inspiração literária, e enfatizando a dificuldade de dissociar caráter factual e narratividade ficcional. Demandou, ainda, a livre criação de textos com formatos, gêneros e tons diversos, textos nos quais dialoguei de maneira inteiramente pessoal com a obra-e-figura-Noll e com os eixos mobilizadores do projeto: amor e música. Cada um desses materiais constituía, originalmente, uma mônada autônoma. A partir do momento em que foram reunidos para a primeira récita, minha tarefa passou a ser avaliar as alternativas de articulá-los de modo a compor uma linha narrativa geral ao mesmo tempo coesa e flexível, que viabilizasse uma espécie de experiência performática, ou ritualística, capaz de gerar impacto tanto intelectual quanto emocional. A mesma tarefa ocorreu na preparação das récitas seguintes, à medida que novos materiais foram sendo criados.

O lastro propriamente textual do trabalho envolveu o tensionamento dos registros escrito, oral e visual. Mesmo que minha intenção fosse proferir a maioria dos textos a partir do suporte escrito, todos eles foram concebidos levando em conta as particularidades da recepção auditiva e visual, e incluindo recursos gestuais. A finalidade era proporcionar uma interação direta – vívida, corpórea e em tempo real – entre o enunciador e os receptores. Também incluí elementos de natureza especificamente cênica, entre os quais destaco três.

O primeiro deles é o uso de duas cadeiras: uma na qual me sento; a outra, vazia, para a qual com frequência dirijo a palavra, o olhar e os gestos. Nessa segunda cadeira é colocada a fita cassete com a gravação da voz do Noll, material distribuído no projeto "O escritor por ele mesmo", realizado pelo Instituo Moreira Salles em 1999, e que lembra quão importante era a característica performático-ritualística das leituras públicas que o escritor realizava de trechos de suas próprias obras. Diálogo com a presença, pela ausência, do corpo-e-voz do Noll.

O segundo elemento, uma ação que acompanha toda a récita, consiste em que os papéis que trazem os textos, impressos independentemente, ou seja, papéis avulsos, sejam abandonados ao ar logo após a respectiva leitura, fazendo com que um mosaico de folhas dispersas vá aos poucos se formando no chão, à volta das duas cadeiras. À medida que as leituras se sucedem, a pilha original de papéis, depositada na cadeira vazia junto à fita cassete, vai diminuindo até que não haja mais nada a ler. Esse momento coincide com a parte conclusiva da récita, quando o enunciador se dirige ao público com as mãos completamente vazias. Sem o amparo da palavra escrita, eis o momento em que se pode, finalmente, cantar.

O terceiro elemento é justamente o canto: o enunciador abandona o registro da fala e, *a capella*, isto é, sem qualquer acompanhamento, preenchendo e fazendo vibrar o silêncio do auditório, literalmente começa a cantar. Uma voz solitária, como se fosse a própria voz do abandono, ecoa – próxima, distante, singrando espaços.

A breve descrição dos elementos cênicos e do uso dos registros textuais apresentada acima dá uma ideia de alguns dos princípios que utilizei em todo o projeto da *Canção de amor para João Gilberto Noll*. O mais evidente desses princípios é que obra e autor são tratados como entidades inseparáveis. A imagem da obra se projeta sobre a imagem do autor e vice-versa. Além disso, na qualidade de imagens, apenas dissociáveis por alguma operação convencional, obra e autor estão profundamente vinculados à presença e à atuação do leitor, seja ele um leitor especializado ou não. A imagem do crítico, pois, também se apresenta atravessada pela imagem da obra-e-autor.

Essa mistura de imagens, em que o crítico se deixa confundir com a obra que elege como objeto e com o autor que a assina – a crítica como coassinatura ou contra-assinatura –, se manifesta ao longo de toda a *Canção*, mas tem seu ponto de explicitação máximo no segmento intitulado "Este meu corpo de João", em que a voz narrativa, sem esconder sua natureza hipotética, penetra no corpo do escritor (também um corpo explicitamente hipotético, o que não significa menos intenso, nem menos capaz de gerar sensações), desdobrando-o, trazendo à tona um pouco do que ele sentiu, pensou, desejou, vivenciou, alucinou.

Outro princípio fundamental é considerar indissociáveis a atividade crítica e a atividade criadora. A liberdade de pensamento e a abertura para a experimentação escritural, para o exercício das formas expressivas, são prerrogativas tanto do escritor quanto do crítico – também ele um escritor que utiliza como material o que extrai das leituras, ou o que nelas insere, projeta, já que a princípio não é possível traçar uma linha que separe com nitidez o que é inerente à obra e o que nela apenas existe, como significado e experiência, por atribuição do leitor. Essa possibilidade apenas ocorre quando se trata, justamente ao contrário, de se tentar explicitar algum parâmetro diferenciador, como no caso de uma leitura que se pretende socialmente validada, coletivamente generalizável. Mas não há – ou não precisa haver, exceto para o atendimento de convenções – limites para o que se pode elaborar criativamente; não precisa haver obstáculos para a aventura investigativa também no campo das formas de registrar, afetar, dinamizar esse arsenal de leituras, esse material que, sobretudo em leituras literárias, é altamente passível de se deixar experimentar.

Experiência e experimento são termos-chave para o que entendo por arte, por ciência, por trabalho intelectual, e estão na base de outro princípio elementar desta *Canção de amor*: seu caráter processual. Desde o início e ao longo das várias etapas até a publicação do presente livro, o projeto vem sendo executado e divulgado como um *work in progress*, ou seja, uma obra em andamento, um conjunto de práticas, objetos e resultados pensados em sua potencialidade de se desdobrarem em novos resultados, objetos e práticas. Ao mesmo tempo em que cultivei o compromisso com o rigor investigativo, a coesão conceitual e a depuração formal tanto nos materiais apresentados quanto nos modos de apresentação, busquei tratá-los – materiais e modos, produtos e processos – não como definitivos, e sim preservando a riqueza de sua qualidade transitória, propulsora de novos produtos e processos.

Assim é que um importante veículo utilizado no projeto foi (e continua sendo) uma das redes sociais da internet, em cujo perfil pessoal postei com regularidade trechos de textos, imagens, informações de vários tipos relativas à *Canção de amor para João Gilberto Noll*. A feição interativa e multimídia desse veículo, bem como seu poder de difusão pública, em larga medida viabilizaram que a *Canção* venha sendo experimentada como obra em transformação, como um ritual livre, um jogo em que as regras podem ser negociadas entre os jogadores, com retificações e incorporações de ideias e materiais, com a constante abertura de rumos, muitas vezes surpreendentes.

Esse caráter processual revelou significativa afinidade com a dimensão performática almejada e concretizada nas récitas presenciais. Até o momento, realizei três delas, bastante diferentes entre si, já que a escolha dos materiais e dos elementos cênicos, entre os já apresentados e os novos, bem como de sua ordem e função na narrativa geral, foi feita de acordo com o local de apresentação, o tempo disponível e a finalidade do evento no qual a récita se incluía. A primeira récita aconteceu no dia 01 de novembro de 2017, como parte de um seminário de pesquisa organizado no âmbito do Programa de Pós-Graduação em Estudos Literários da UFMG. A segunda compôs a programação da décima terceira edição do Fórum das Letras de Ouro Preto, em 2017, e foi apresentada no dia 24 de novembro. A terceira récita ocorreu em 26 de março de 2018, como uma das atividades da ZIP – Zona de Invenção Poesia &, evento sediado na Faculdade de Letras da UFMG. No presente livro, a seção "Making of" registra alguns momentos das récitas e apresenta alguns dos materiais utilizados na internet.

Além das récitas públicas e das postagens em rede social da internet, nessa noção expandida de obra também desempenha papel relevante o propósito de divulgar excertos da *Canção* em outros veículos, ou seja, de fazê-la transitar em outros circuitos de difusão cultural. Materiais selecionados foram enviados a alguns periódicos literários brasileiros. Até o momento, já constam duas séries de publicações: o jornal *Cândido*, da Biblioteca Pública do Paraná, publicou em seu número 80, de março de 2018, um longo excerto; a edição de número 1377 do *Suplemento Literário de Minas Gerais*, de março/abril de 2018, publicou cinco excertos.

A recepção a todas essas frentes de difusão tem sido calorosa. Tornou-se evidente, assim, que o projeto possuía forte potencialidade de se expandir, de passar a envolver outras pessoas e outros tipos de contribuições, de assumir explicitamente a dimensão coletiva já observável na exposição pública nele prevista e realizada. Essa constatação coincidiu com minha percepção de que o projeto como um todo, após quase um ano de desenvolvimento, merecia ser submetido a um processo de reavaliação e reelaboração o qual o habilitasse a ser convertido em registro perene, por intermédio de um livro. Dessa forma, duas séries de questões simultaneamente se impuseram. A primeira delas era: "Como transformar uma canção-solo em um concerto de muitas vozes?"; "Como incluir na canção as muitas declarações de amor que os admiradores do Noll, estimulados pelo projeto, demonstravam desejo de lhe fazer?". A segunda: "Como transformar em livro uma canção de amor?"; "Como preservar, num volume impresso, a força da voz, a vibração da presença dos corpos, a emoção e o atordoamento intensamente compartilhados?".

Como resposta à primeira série de questões, convidei para participar do projeto uma constelação de nomes: poetas, ficcionistas, artistas visuais, editores, roteiristas, arquitetos, fotógrafos, pesquisadores, leitores entusiastas. O convite previa que a participação ocorresse de modo plenamente livre e pessoal, com qualquer tipo de contribuição: algumas palavras, uma imagem, um depoimento de leitura, uma página conceitual, um grafismo, uma cena, ou o que o convidado desejasse propor ou experimentar. Além disso, não precisaria ser sobre o Noll, e sim para ele, a partir dele, através dele e/ou com ele. Ou mesmo, simplesmente, algo que tivesse algum vínculo com uma canção de amor.

O convite foi pronta e generosamente aceito e o material enviado é surpreendente, vibrante: valiosos presentes para o Livro-Canção, para o Noll, para mim, para todos que amam a literatura, as artes, a cultura brasileira. Nessas colaborações, reunidas na seção "Participações especiais", há depoimentos sobre a convivência com o Noll, produções criativas em diferentes meios e linguagens, dialogando com seu trabalho literário, testemunhos de leitura, relatos sobre o projeto e sobre as récitas da *Canção de amor*.

Como mais um presente de inestimável valor, a vitalidade da voz do próprio Noll chegou ao Livro-Canção por intermédio de duas longas e impressionantes entrevistas inéditas, gentilmente cedidas pelos entrevistadores. Nesse rico material, que compõe a seção "A voz do João", é um deslumbramento constatar que sua voz continua a soar singularíssima, perturbadora, vigorosa, lançando inquietantes clarões nas sombras mais densas. Com Noll, ouvindo sua voz, continuamos a aprender formas de pensar, dizer, sentir, cantar, de nos tornarmos pergunta e pulsação.

Para responder à segunda série de questões – a Canção se sonhando Livro –, o processo envolveu, além do convite a novas vozes (e os muitos encontros, trocas e novos caminhos surgidos a partir delas), conversas com editoras, várias reescritas e reestruturações do material utilizado nas récitas, a elaboração de novos materiais, a concepção do modo como se organizaria todo o conjunto, o exercício de desejos descobrindo outros formatos e dobras – enfim, o desafio de que a voz, nossa voz, não deixasse de soar – também em livro – amorosa e livre. O desafio de que o "Livro de amor" soasse infinito.

Resultado de um projeto de investigação ao mesmo tempo científica, artística e existencial, *Canção de amor para João Gilberto Noll* – agora também *Livro-canção de amor* – almeja possuir tom propulsor, de interferência no campo literário e cultural. Primeiramente, por buscar contribuir para que o trabalho crítico se abra a formas inusuais de exercer o crivo avaliativo, por convidar ao debate sobre o estatuto da crítica e suas expansões. Em segundo lugar, por desejar agir como estímulo criativo, como incentivo ao exercício irrestrito e compartilhado da criação literária e artística. Finalmente, mas não menos importante, por pretender colaborar para a difusão da obra de um autor que, Titã literário, inegável totem da cultura brasileira, continua à espera de mais e mais leitores.

5

PALAVRAS AO VENTO

5

D-A PASSA AO VENTO

From: jgnoll
To: luisbra
Sent: Wednesday, August 16, 2006 9:23 PM
Subject: Sim

Luis:

Vim pela viagem lendo os teus tablados. Hoje à tarde li um pouco mais. Estou vendo em você um exímio prosador (acho nesse instante a palavra mais justa), na navalha entre o conceito e a imagem. Esboços de personagens, de ideias, abortos, recomeços. Fui para o livro com a expectativa de que não encontraria algo exatamente como um ficcionista. Pensei se tratar em princípio de uma incursão de um crítico, digamos, pelo pensamento condutor da fabulação. Boa estratégia para abiscoitar aqui e ali manchas em narrativa. Mas o teu trabalho aqui é sim bem mais ficcional do que isso. E com uma precisão de linguagem estonteante. Você é um ficcionista brasileiro. Dentro da paisagem literária brasileira, você tem um jeito especialíssimo de dizer. Quem sabe único, não sei. Lembrei em certos momentos de Roland Barthes em seu discurso amoroso.

Tenho considerado a literatura bem menos madrasta do que na segunda-feira. Ela me proporcionou um baita encontro com você. E a esse encontro eu brindo!

Abraço grande, João Gilberto Noll

De: luisbra
Para: jgnoll
Data: 17 de ago de 2006 às 10:26
Assunto: Re: Sim

Mensagem 1:

João querido,

Redigi a mensagem abaixo antes de ler a que você enviou, e que me comoveu superlativamente (sobretudo porque são palavras suas; sim, suas, as palavras do João, desse João muito especial). Sentir-me-ei uma promessa literária (genuína até a próxima volta de olhares para outras paisagens)! Você é maravilhoso em todos os sentidos.

Abração. Luis

Mensagem 2:

João meu prezado,

Estas palavras só querem dizer quão belos foram, para mim, os momentos que passamos juntos. Senti-me impressionantemente à vontade, sintonizado, em um papo de ressonâncias luminosas, repleto de volteios, risadas, gentilezas, voos. Enfim: comunhão rara. Quando possível, mande notícias de seus paradeiros e trânsitos.

O abraço afetuoso do
Luis Alberto

From: jgnoll
To: luisbra
Sent: Thursday, August 17, 2006 8:37 PM
Subject: Veja!

Meu querido Luis:

Veja só que coincidência: eu também acho você maravilhoso em todos os sentidos. Tenho estado com seu livro nas mãos e adorado. É certeiro na frase, com um leve, levíssimo clamor — mas sem chegar ao ai, claro, pois é corpo em vigília e rigor. Confesso que não conheço texto nesse tom híbrido assim na literatura brasileira atual. Existe?, te pergunto. Não é só o tom, é o andamento perfeito e muito mais.

Não, não ando em périplos pelo Planeta desde um bom tempo atrás. Estou aqui, em pleno gozo de uma ideia que não quer calar. Presumo que resistirá, convicta, pelo menos na cabeça onde é o seu lugar.

Estou aqui em certo frio de Porto Alegre, eu em minhas canções caseiras, exatamente como você se definiu em seu cotidiano. Mas vou muito ao cinema, mais em fins de tarde. Solitário como quase sempre, se bem que começando a sentir a urgência de partilhar mais.

Ter estado com você aquela noite me encheu de disposição. Se a conversa for de viagem, então eu gostaria da tua parceria. Ou então que nos calássemos na calada da noite veloz, como quer o nosso Ferreira Gullar.

Pois é, rapaz, não me canso de dizer cá dentro que és um homem legal — pra que mais?

Um forte abraço do João Gilberto Noll

De: luisbra
Para: jgnoll
Data: 22 de ago de 2006 às 09:43
Assunto: Re: Veja!

Querido João,

Os tablados devem estar curtindo mãos e olhos de leitor tão especial. Eu gostei, particularmente, do "corpo em vigília e rigor".

Por aqui, dias azuis já com jeito de primavera, e noites perfumadas, com vento esporádico, para ainda lembrar algo do frio.

Que delícia ir ao cinema num fim de tarde, ou sonhar viagens. Acho que você é ave migrante, mesmo em repouso. Eu sou bicho de toca. Partilhar é ótimo, mas no limite da solidão essencial, e (claro) do inconvivível da maioria das pessoas. Eu me enrosco (docilmente? docilmente demais?) em tarefas que evaporam meu tempo. Mas sempre sobra algum para gostar de estar vivo, e admirar a beleza.

Além da noite veloz, Gullar também inventou a vertigem do dia. Lembro-me de nosso encontro com grande afeto, e espero que possamos nos ver por aí.

Abração. Luis

6

BIBLIOGRAFIA DE JOÃO GILBERTO NOLL

O cego e a dançarina. Rio de Janeiro: Civilização Brasileira, 1980.
A fúria do corpo. Rio de Janeiro: Record, 1981.
Bandoleiros. Rio de Janeiro: Nova Fronteira, 1985.
Rastros do verão. Porto Alegre: L&PM, 1986.
Hotel Atlântico. Rio de Janeiro: Rocco, 1989.
O quieto animal da esquina. Rio de Janeiro: Rocco, 1991.
Harmada. São Paulo: Companhia das Letras, 1993.
A céu aberto. São Paulo: Companhia das Letras, 1996.
Romances e contos reunidos. São Paulo: Companhia das Letras, 1997.
Canoas e marolas. Rio de Janeiro: Objetiva, 1999.
Berkeley em Bellagio. Rio de Janeiro: Objetiva, 2002.
Mínimos, múltiplos, comuns. São Paulo: Francis, 2003.
Lorde. São Paulo: Francis, 2004.
A máquina de ser. Rio de Janeiro: Nova Fronteira, 2006.
Acenos e afagos. Rio de Janeiro: Record, 2008.
O nervo da noite. São Paulo: Scipione, 2009.
Sou eu!. São Paulo: Scipione, 2009.
Anjo das ondas. São Paulo: Scipione, 2010.
Solidão continental. Rio de Janeiro: Record, 2012.

7

NOMES DO AMOR

Adilson Miguel nasceu em São Paulo, SP. Bacharel em filosofia pela Universidade de São Paulo, foi o responsável pelas áreas de literatura das editoras Scipione e SM. Organizou antologias de poesia e contos contemporâneos, como *Traçados diversos* (Scipione, 2011) e *Grafias urbanas* (Scipione, 2010).

Ana Martins Marques nasceu em Belo Horizonte em 1977. É formada em letras, mestre em literatura brasileira, com uma dissertação sobre a ficção de João Gilberto Noll, e doutora em literatura comparada pela UFMG. Publicou os livros de poemas *A vida submarina* (Scriptum, 2009), *Da arte das armadilhas* (Companhia das Letras, 2011), *O livro das semelhanças* (Companhia das Letras, 2015), *Duas janelas* (com Marcos Siscar, Luna Parque, 2016), *Como se fosse a casa* (com Eduardo Jorge, Relicário Edições, 2017) e *O livro dos jardins* (Quelônio, 2019).

Bruna Kalil Othero, nascida em Belo Horizonte em 1995, é poeta e pesquisadora, autora dos livros de poesia *Anticorpo* (2017) e *Poétiquase* (2015), além de ter organizado a coletânea *A Porca Revolucionária: ensaios literários sobre a obra de Hilda Hilst* (2018). Seu próximo livro, ainda inédito, *Oswald pede a Tarsila que lave suas cuecas*, foi selecionado pelo Ministério da Cultura no Prêmio de Incentivo à Publicação Literária, 100 anos da Semana da Arte Moderna de 1922. Atualmente, cursa mestrado na UFMG.

Douglas de Oliveira Tomaz nasceu em Pirapora, MG, em 1993, e atualmente reside em Belo Horizonte, onde escreve um primeiro livro de contos.

Eduardo de Jesus é professor do Departamento de Comunicação Social da UFMG. É doutor em artes pela USP e curador com atuação nas áreas de audiovisual (cinema, vídeo e televisão), arte contemporânea e tecnologia. Organizou *Walter Zanini: vanguardas, desmaterialização e tecnologias na arte*

(Martins Fontes, 2018) e *Estratégias da arte em uma era de catástrofes* (Cobogó, 2017).

Fernanda Goulart, artista e designer, nasceu em Uberlândia, MG, em 1976. Formada em artes visuais com habilitação em gravura, é mestre em comunicação social e doutora em arquitetura e urbanismo, todos os títulos pela UFMG, onde é professora na área de artes gráficas da Escola de Belas Artes. Publicou em 2014 o livro *Urbano ornamento: inventário de grades ornamentais em Belo Horizonte (e outras belezas)*. Concebeu diversos projetos editoriais gráficos, participou de exposições coletivas e realizou as individuais "Entre jardins", no Memorial Minas Gerais Vale, e "Nada que você não queira" (Galeria Cemig, Belo Horizonte, MG).

Fernando Tourinho é arquiteto e urbanista, coautor dos livros *Milhagens* e *Janelas para o rio*, registros poéticos de projetos de arte e intervenção urbanas e paisagísticas, ambos de 2013.

Francisco de Morais Mendes, nascido em Belo Horizonte em 1956, é jornalista e escritor. Publicou os livros de contos *Escreva, querida* (Mazza, 1996), *A razão selvagem* (Ciência do Acidente, 2003) e *Onde terminam os dias* (7 Letras, 2011). Seu livro mais recente, *Sacrifício e outros contos*, será publicado em Lisboa.

Guiomar de Grammont é escritora, mestre em filosofia pela UFMG e doutora em literatura brasileira pela USP. Foi diretora do Instituto de Filosofia, Artes e Cultura da Universidade Federal de Ouro Preto, onde leciona desde 1994. Criou e coordena o Fórum das Letras de Ouro Preto desde 2005. Atuou como curadora em diversos eventos no Brasil e no exterior. É premiada autora de vários livros, entre os quais *Palavras cruzadas* (Rocco, 2015), *Aleijadinho e o aeroplano: o paraíso barroco e a construção do herói colonial* (Civilização Brasileira, 2008) e *Sudário* (Ateliê Editorial, 2006).

Gustavo Cerqueira Guimarães é mestre e doutor em estudos literários pela UFMG e graduado em psicologia clínica e letras pela PUC-MG. Atua como editor das revistas *Em Tese* (2012-2016) e *FuLiA / UFMG* (2016-atual). É autor dos livros de poesia *Língua* (2004) e *Guerra* (inédito), e criador do *site* www.gustavocerqueiraguimaraes.com.

Hugo Lima é poeta, performer e educador. É autor de *Nus, florais e ping-pong* (2014), *Corpo dos afetos* (2015), *Dois quartos* (com Tida Carvalho, 2017), pela Crivo Editorial, e *Repeats & bonus tracks* (2017), pela Coleção Leve 1 Livro. Mora em Belo Horizonte.

Joana Andrade é graduada em letras pela UFMG e mestranda em teoria da literatura e literatura comparada pela mesma instituição. Em 2017, coorganizou o volume *Antologia remix*, com reescritas de textos da *Revista Literária da UFMG*.

Julia Panadés é artista visual, escritora e professora. Nasceu em Belo Horizonte em 1978. É graduada em artes plásticas pela Escola Guignard, UEMG, mestra em artes visuais pela Escola de Belas Artes da UFMG e doutora em estudos literários pela Faculdade de Letras da UFMG. Participou de diversas exposições, entre as quais "Um livro por vir", em 2018, em parceria com Edith Derdyk, e a individual "Corpo em obra", em 2019. Publicou os livros *Imagino Veneza* (2019) e *Poemia contagiosa* (2012).

Leonardo Chioda, nascido em Jaboticabal em 1986, é um escritor ítalo-brasileiro. Graduado em letras pela Universidade Estadual Paulista, também estudou poesia clássica, história do teatro e língua italiana na Università degli Studi di Perugia e na Università Ca'Foscari de Veneza. Atualmente cursa o mestrado em poéticas de expressão portuguesa na USP. Publicou *Tempestardes* (Patuá, 2013) e *PÓTNI* (Selo Demônio Negro/Hedra, 2017).

Luci Collin, curitibana, é ficcionista, poeta e tradutora. Tem mais de vinte livros publicados, entre os quais *Querer falar* (poesia, Finalista do Prémio Oceanos 2015), *A palavra algo* (poesia, Prêmio Jabuti 2017) e *Papéis de Maria Dias* (romance, 2018). Leciona no curso de letras da UFPR.

Luísa Rabello, nascida em Belo Horizonte em 1985, é artista gráfica e editora nas Edições Chão da Feira. É autora do livro de fotografias *Entrar e sair* (Chão da Feira, 2013), que teve colaboração de Luis Alberto Brandão. Trabalha na criação gráfica, produção e coordenação editorial de livros, coleções e catálogos.

Patricia Franca-Huchet é artista, pesquisadora e professora titular da Escola de Belas Artes da UFMG. Possui os títulos doctorat e master pela Université de Paris I, Sorbonne; master 1 pela Université de Paris VIII; e pós-doutorado pela Université de Paris III no Centre de Recherche en Esthétique du Cinéma et des Images e na École des Hautes Études en Sciences Sociales. Trabalha sobre a imagem literária e fotográfica, com interesse na reconstrução crítica da tradição pictural. Divide suas atividades entre ensino, pesquisa, apresentações orais de trabalho, publicações, edições, curadoria de eventos e exposições.

Pedro Maciel é escritor e artista visual, autor dos romances *A noite de um iluminado* (Iluminuras, 2016), *Previsões de um cego* (LeYa, 2011), *Retornar com os pássaros* (LeYa, 2010), *Como deixei de ser Deus* (Topbooks, 2009) e *A hora dos náufragos* (Bertrand Brasil, 2006).

Ricardo Aleixo é poeta, músico, artista visual e pesquisador intermídia. Nasceu em Belo Horizonte em 1960. Publicou, entre outros, os livros *Pesado demais para a ventania* (Todavia, 2018), *Antiboi* (Crisálida/Lira, 2017), *Impossível como nunca ter tido um rosto* (edição do autor, 2015) e *Modelos vivos* (Crisálida, 2010).

Ricardo Barberena é professor do Programa de Pós-Graduação em Letras da Pontifícia Universidade Católica do Rio Grande do Sul. Possui graduação e doutorado em letras pela Universidade Federal do Rio Grande do Sul. Coordena o GT da ANPOLL Literatura Brasileira Contemporânea e o grupo de pesquisa Limiares Comparatistas e Diásporas Disciplinares: Estudo de Paisagens Identitárias na Contemporaneidade. Organizou, entre outros títulos, o livro *O que resta das coisas* (Zouk, 2018), com textos escritos a partir de objetos do acervo de Caio Fernando Abreu.

Rodrigo de Agrela é doutorando em teoria da literatura e literatura comparada pelo Programa de Pós-Graduação em Letras: Estudos Literários da UFMG. É graduado em letras pela Universidade Federal do Ceará e membro do Grupo de Estudos de Estética, Literatura e Filosofia (GEELF), vinculado ao Departamento de Literatura da UFC.

Ronaldo Guimarães Gouvêa, professor da UFMG, é engenheiro civil e urbanista. Mestre em ciência política e doutor em sociologia e política, é autor de *A questão metropolitana no Brasil* (Fundação Getúlio Vargas, 2005).

Sérgio Sant'Anna é um escritor carioca nascido em 1941. Em cinquenta anos de premiada carreira literária, publicou vinte livros, entre os quais *Confissões de Ralfo: uma autobiografia imaginária* (1975), *O concerto de João Gilberto no Rio de Janeiro* (1982), *A tragédia brasileira* (1987), *A senhorita Simpson* (1989), *O voo da madrugada* (2003), *O homem-mulher* (2014) e *Anjo noturno* (2017).

Tarso de Melo, nascido em Santo André em 1976, é poeta e ensaísta. Advogado, doutor em filosofia do direito pela USP. Lançou, entre outros livros, *Íntimo desabrigo* (Alpharrabio/Dobradura, 2017), *Dois mil e quatrocentos quilômetros, aqui* (com Carlos Augusto Lima; Luna Parque, 2018), *Alguns rastros* (Martelo, 2018) e a antologia *Rastros* (Kotter, 2019), reunindo grande parte dos poemas que publicou nas últimas duas décadas.

Zulmira Ribeiro Tavares nasceu em São Paulo em 27 de julho de 1930. Sua obra abarca romance, conto, poesia, ensaio e gêneros híbridos. Publicou, entre outros títulos, *Termos de comparação* (1974, prêmio de revelação da Associação Paulista de Críticos de Arte), *O nome do bispo* (1985, Prêmio Mercedes-Benz de Literatura), *O mandril* (1988), *Joias de família* (1990, Prêmio Jabuti na categoria romance), *Vesuvio* (2011, finalista do Prêmio Portugal Telecom na categoria poesia) e *Região* (2012). "Figurações", texto escrito especialmente para este livro, é provavelmente o último da autora, que nos deixou em agosto de 2018.

8

MAKING OF

Rituais da voz

Fita cassete em que João Gilberto Noll lê trechos dos romances *A céu aberto* e *Harmada* no projeto "O escritor por ele mesmo", promovido pelo Instituto Moreira Salles em 1999. Os áudios estão disponíveis no *site* do Instituto.

O escritor por ele mesmo
João Gilberto Noll
B
Todos os direitos do proprietário da obra gravada
são reservados. É proibida a reprodução
O escritor por ele mesmo
João Gilberto Noll

Aquário de luz

"Os mistérios não gostam de ser nomeados", sessão do Fórum das Letras de Ouro Preto, 2008. Foto: Tábata Romero.

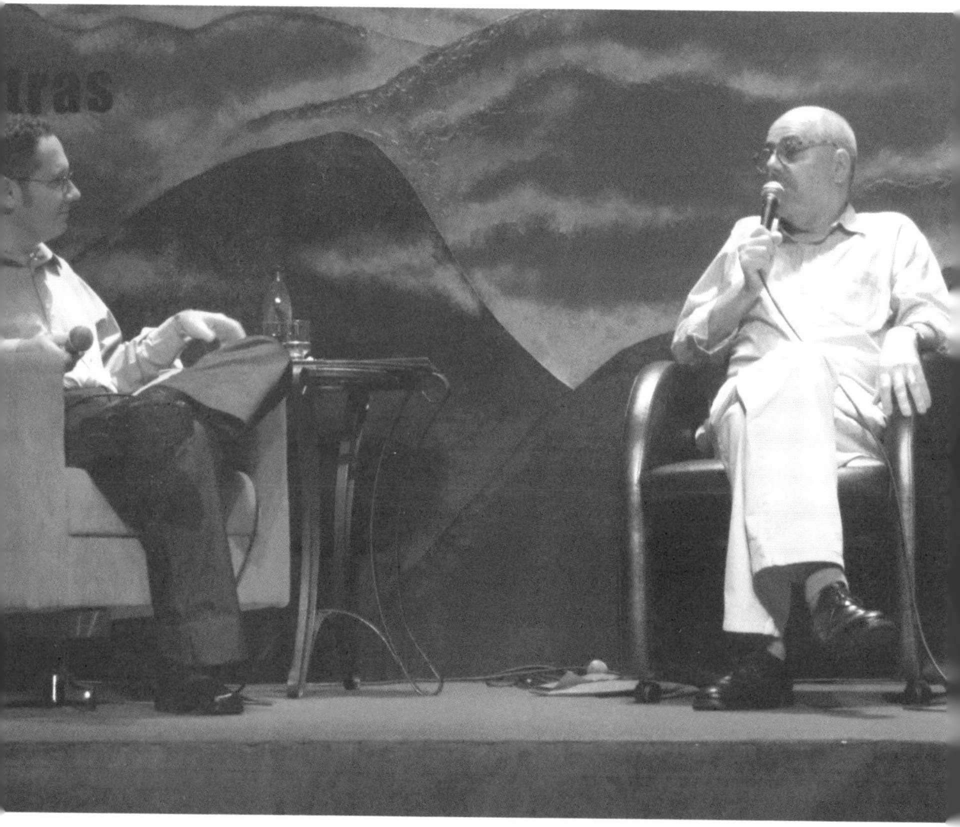
tras

Os papéis caídos no chão, as mãos vazias
Primeira récita da *Canção de amor para João Gilberto Noll*. Faculdade de Letras da UFMG, novembro de 2017.
Foto: Rodrigo de Agrela.

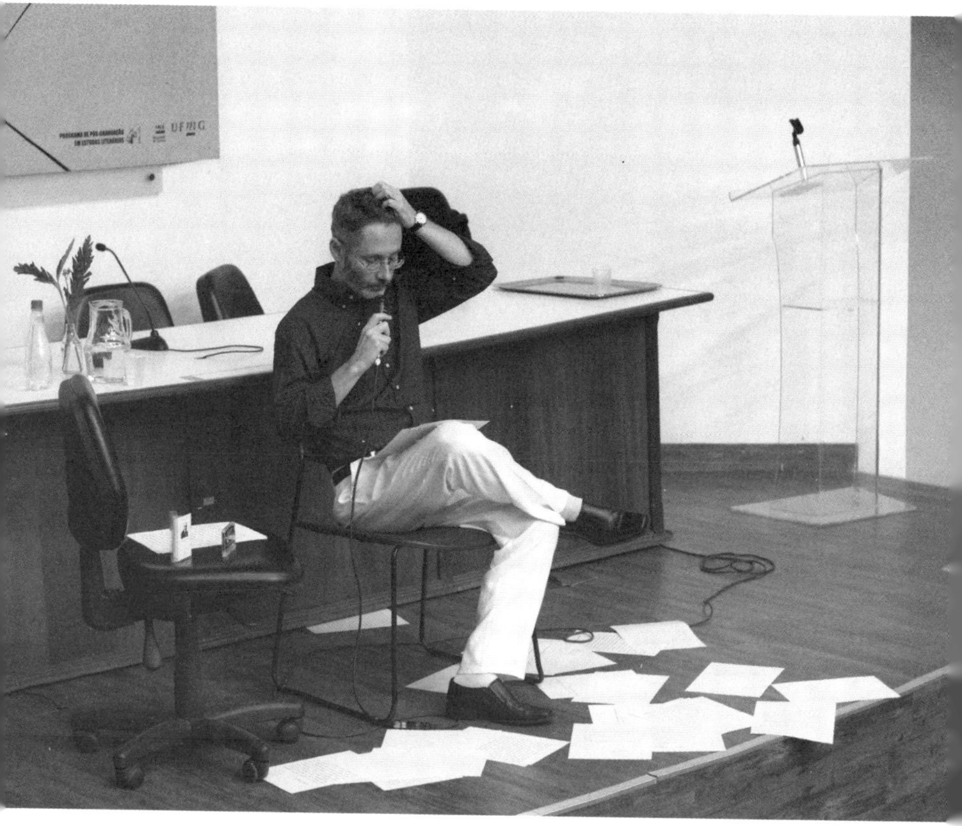
UFMG

E a figura de Pã, confundindo as escalas

João Gilberto Noll

Romances e Contos

Reunidos

30 SEGUNDOS por JOÃO GILBERTO NOLL

COLEÇÃO 5 MINUTINHOS

¿Quanto de abandono e quanto de encontro cabem numa canção de amor?
Segunda récita da *Canção de amor para João Gilberto Noll*. Fórum das Letras de Ouro Preto, novembro de 2017.
Foto: Samuel Consentino.

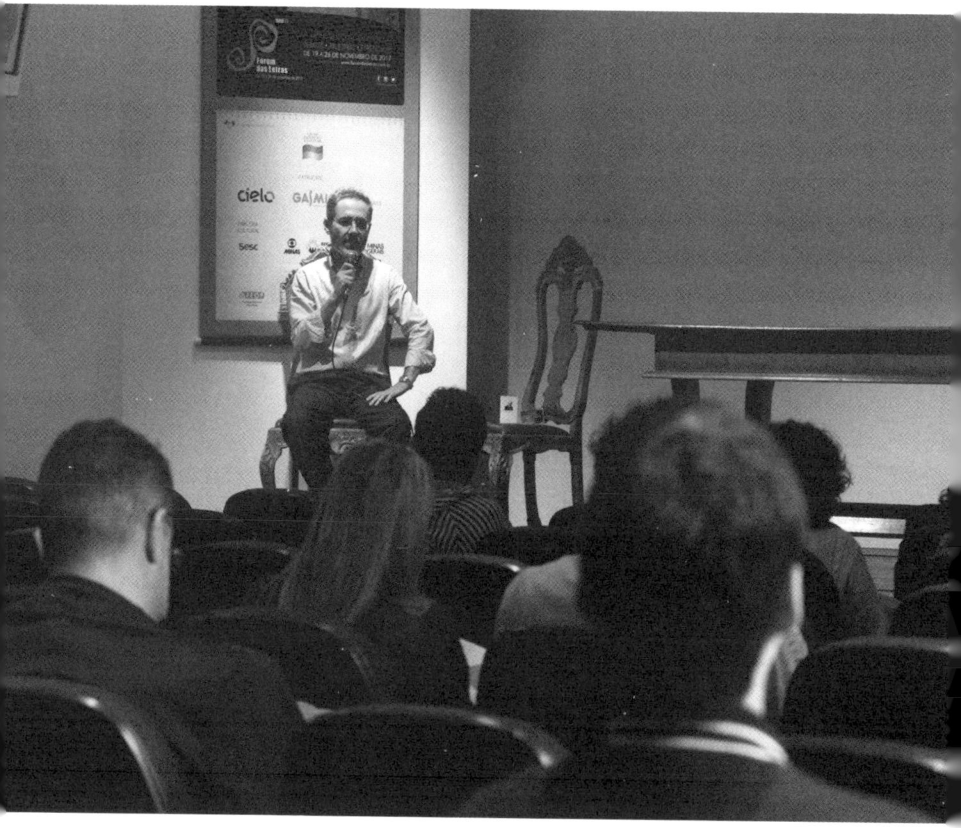
Forum das Letras
cielo
sesc

Amor ao amor

MÍNIMOS, MÚLTIPLOS, COMUNS
MÍNIMOS, MÚLTIPLOS, COMUNS
MÍNIMOS, MÚLTIPLOS, COMUNS
MÍNIMOS, MÚLTIPLOS, COMUNS

JOÃO GILBERTO NOLL

A FÚRIA DO CORPO

João Gilberto

O NERVO DA NOITE

O QUIETO ANIMAL DA

Tocar a voz do João
Terceira récita da *Canção de amor para João Gilberto Noll*. ZIP - Zona de Invenção Poesia &., Faculdade de Letras da UFMG, março de 2018. Foto: Charley Worrison.

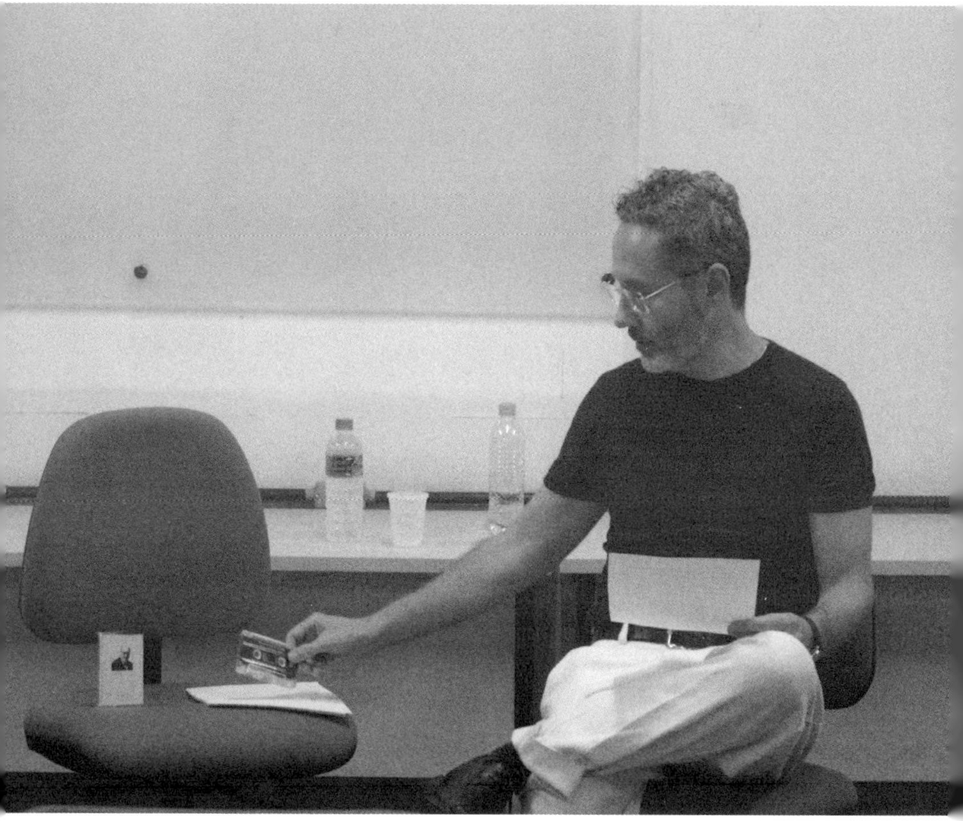

Abandonar-se ao encontro

o escritor por ele mesmo

João Gilberto Noll

Venham tocar as tatuagens do meu coração de papel

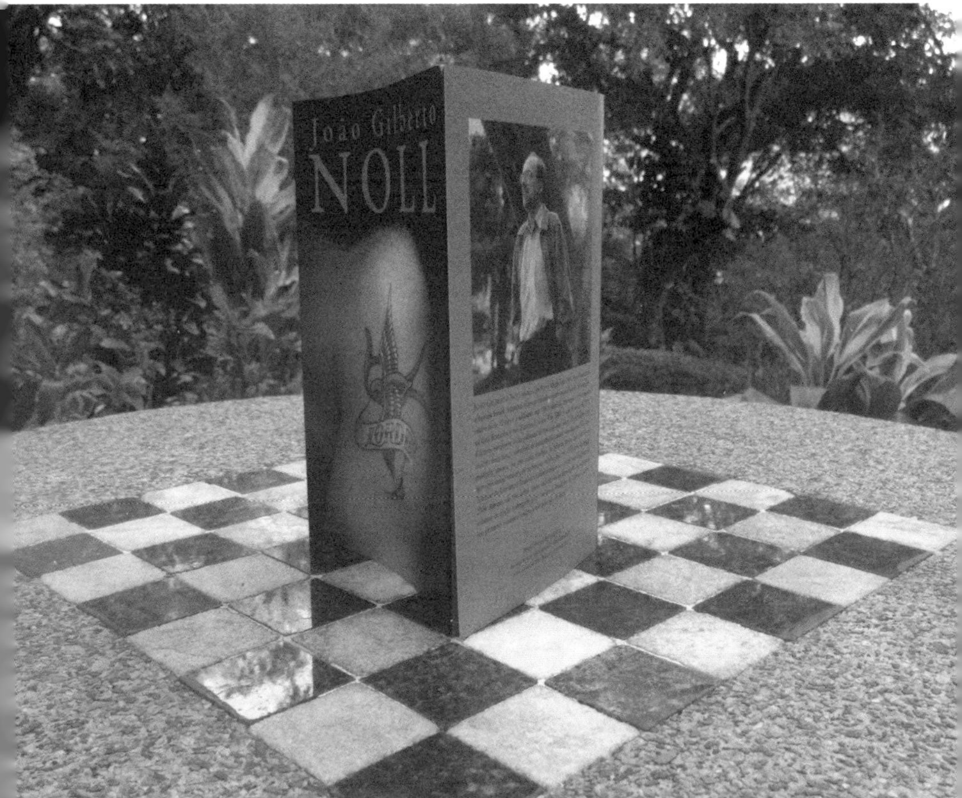
João Gilberto
NOLL

Livro de amor infinito

HARMADA
FÚRIA
CORPO
JOÃO GILBERTO NOLL
João Gilberto
NOLL
NOLL
SOU EU!
João Gilberto Noll
JOÃO GILBERTO NOLL
O OBJETO ANIMAL DA ESQUINA
ANJO DAS ONDAS
JOÃO GILBERTO NOLL
BANDOLEIROS
O CEGO E A DANÇA
JOÃO GILBERTO NOLL
HOTEL ATLÂNTICO
3ª EDIÇÃO
123
NOLL

O dia em que o livro

O autor, a designer, a editora:
da alegria do encontro ao encontro da forma.

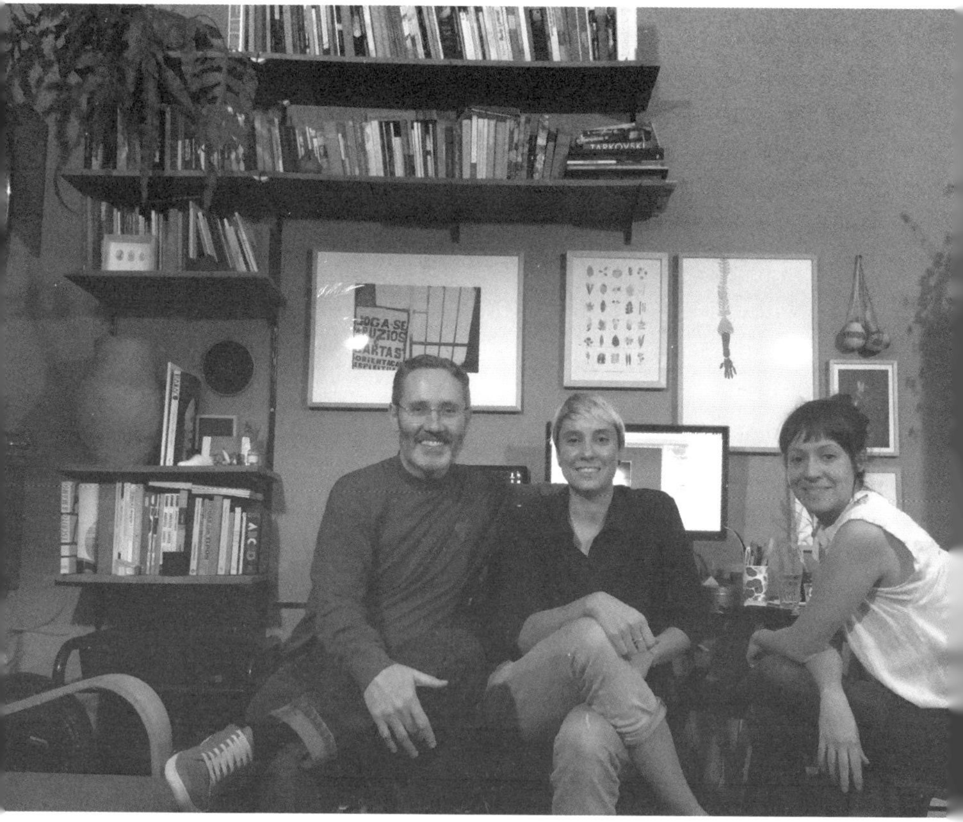
TARKOVSKI
JOGA-SE
BUZIOS
CARTAS

9

IMPROVÁVEL LEGENDA PARA UMA FOTO INVISÍVEL

havia tanta emoção
havia tanta entrega

havia tanto
tantos possíveis

havia uma canção
de amor

agora só há silêncio
e um sorriso

um sorriso bonito
escondendo a dor

que – agora sabemos –
nunca vai ter fim

© Relicário Edições
© Luis Alberto Brandão

CIP –Brasil Catalogação-na-Fonte | Sindicato Nacional dos Editores de Livro, RJ

B817c

Brandão, Luis Alberto

Canção de amor para João Gilberto Noll / Luis Alberto Brandão.
- Belo Horizonte, MG : Relicário, 2019.
264 p. : il. ; 15,5cm x 22,5cm.

Inclui bibliografia e índice.
ISBN: 978-65-5090-002-1

1. Literatura brasileira. 2. Teoria e crítica literária. 3. João Gilberto Noll. 4. Homenagem. I. Título.

2019-1878
CDD 869.909
CDU 821.134.3(81).09

CONSELHO EDITORIAL Eduardo Horta Nassif Veras (UFTM), Ernani Chaves (UFPA), Guilherme Paoliello (UFOP), Gustavo Silveira Ribeiro (UFMG), Luiz Rohden (Unisinos), Marco Aurélio Werle (USP), Markus Schäffauer (Universität Hamburg), Patrícia Lavelle (PUC-Rio), Pedro Süssekind (UFF), Ricardo Barbosa (UERJ), Romero Freitas (UFOP), Virginia Figueiredo (UFMG)

COORDENAÇÃO EDITORIAL Maíra Nassif Passos
PROJETO GRÁFICO & DIAGRAMAÇÃO Ana C. Bahia
REVISÃO Silvia P. Barbosa - Letras e Normas
FOTOGRAFIAS DA CAPA Luísa Rabello

APOIO Pós-Lit/Capes/ProEx

RELICÁRIO EDIÇÕES
Rua Machado, 155, casa 1, Colégio Batista | Belo Horizonte, MG, 31110-080
relicarioedicoes.com | contato@relicarioedicoes.com

1ª EDIÇÃO [2019]
Esta obra foi composta em Chronicle Text, Whitney e Lekton
sobre papel Pólen Soft 80 g/m² para a Relicário Edições.